Tratschke fragt weiter: Wer war's?

Aufs neue: Geschichtsrätsel mit Weltberühmten

Hoffmann und Campe

1. bis 10. Tausend 1976

Gesetzt aus der Borgis Garamond-Antiqua
Gesamtherstellung Süddeutsche Verlagsanstalt, Ludwigsburg
ISBN 3-455-07732-3 · Printed in Germany

Inhalt

Fast ein Doppeljubiläum (Zugleich ein Vorwort)

Dieses Büchlein ist in gewisser Weise ein Jubiläums-Tratschke, und das eigentlich in doppelter Hinsicht. Einmal sind gerade zehn Jahre vergangen, seit ich in der ZEIT zum erstenmal die Frage stellte: »Wer war's?« Es ging damals um Madame Necker, die Frau des berühmten französischen Finanzministers zu Beginn der Französischen Revolution, die sich aus Angst, lebendig begraben zu werden, in einem Alkoholbekken konservieren ließ, in das später auch ihr Mann gelegt wurde und an dessen Seite wiederum einige Jahre später, in ihrem Sarkophag, die noch berühmtere Tochter der beiden kam, die Schriftstellerin Germaine de Staël. – Einige hundert Male habe ich in den vergangenen zehn Jahren nach historischen Prominenten gefragt. Und so ist es denn kein Wunder, daß – worin die zweite Seite des »Jubiläums« besteht – dies schon das fünfte Tratschke-Büchlein in dieser Reihe ist. An dem Schema hat sich nichts geändert, ebenso ist das »Anliegen« noch immer dasselbe, nämlich von den Großen der Weltgeschichte, den Berühmten aus Politik, Kunst, Literatur und Wissenschaft nicht die Geschichtsbuchtaten nachzuerzählen, sondern ihre privaten Probleme zu zeigen, ihre Ängste und Ärgernisse, ihre ganz alltäglichen Sorgen und Nöte, ihre Laster, Lüste und Freuden – in der Absicht, auf unterhaltsame, eigentlich spielerische Weise längst

erstarrte Denkmäler wieder zu Menschen werden zu lassen und Geschichte wieder nacherlebbar zu machen. Dabei soll auch dies noch einmal gesagt sein: Es werden nicht etwa Anekdoten erzählt, sondern immer nur historisch gesicherte Tatsachen.
Tratschke fragt weiter – und die Antworten stehen wie immer am Schluß des Buches, und zwar in Spiegelschrift.

Gerhard Prause

1 *Gnädig geführt bis zum Ende*

Zu seinem 59. Geburtstag brachte man ihm eine Torte mit neunundfünfzig brennenden Kerzen, die er in einem Zug ausblasen sollte. Er hat es geschafft. Und noch viele Jahre später hat seine Frau gesagt: »Das konnte er tatsächlich.« Sie sagte es nicht ohne Stolz, fast so, als wolle sie auf sein vieles Rauchen anspielen und andeuten, daß es ihm bis dahin nicht geschadet hatte (obgleich ihr die weitere Entwicklung zu der Zeit, als sie das sagte, bekannt war).

Als junger Mann hatte er einmal gesagt oder – genauer – hatte es jemanden sagen lassen: »Ich verstehe nicht, wie jemand nicht rauchen kann – er bringt sich, sozusagen, um des Lebens bestes Teil und jedenfalls um ein ganz eminentes Vergnügen! Wenn ich aufwache, so freue ich mich, daß ich tagsüber werde rauchen dürfen, wenn ich esse, so freue ich mich wieder darauf, ja ich kann sagen, daß ich eigentlich bloß esse, um rauchen zu können ... Ein Tag ohne Tabak, das wäre für mich der Gipfel der Schalheit, ein vollständig öder und reizloser Tag, und wenn ich mir morgens sagen müßte: heute gibt's nichts zu rauchen – ich glaube, ich fände den Mut gar nicht aufzustehen, wahrhaftig, ich bliebe liegen.«

Als er siebzig Jahre alt war, wurde bei ihm ein Lungenkrebs diagnostiziert. Von der sofortigen Operation, bei der anderthalb Lappen des rechten Lungenflügels und eine Rippe entfernt wurden, hat er sich gut und überraschend schnell erholt. Ihm selbst hatte man den wahren Befund nicht mitgeteilt. Aber – so sagt seine Frau – er »wußte im Grunde ganz genau, um was es ging, was auf dem Spiele stand; er wollte es aber niemals wahrhaben«. In den Jahren nach der Operation war er noch sehr leistungsfähig, wie er es überhaupt sein ganzes Leben lang gewesen ist, obwohl seine Gesundheit nie sehr stabil war, »immer hatte er irgendwas«, sagt seine Frau.

Zehn Jahre nach dem Lungenkrebs, während eines sommerlichen Erholungsurlaubs an der See, klagte er über Schmerzen im Bein; das Gehen vom Strand über die Dünenhügel bis hinauf zum Hotel sei ihm »tatsächlich ein bißchen sauer geworden«, sagte er und fügte hinzu: »Dieser alberne Rheumatismus.«

Gegen seinen Willen ließ seine Frau einen Arzt kommen, der das Bein geschwollen fand und strikte Bettruhe anordnete; Rheumatismus sei es nicht. Der Arzt und ein hinzugezogener Spezialist kamen zu der Überzeugung, daß es sich um eine Thrombose handeln müsse. Während dem Patienten gegenüber jedoch nur von einer Venenentzündung gesprochen wurde, um ihn nicht unnötig zu beunruhigen (denn er neigte zu Nervosität und Depressionen), fürchteten die Ärzte, daß die Thrombose möglicherweise eine Sekundärerscheinung sein könne, ausgelöst von einem noch unerkannten Primärleiden. Auf jeden Fall müsse er in ein Krankenhaus.

Dort ließ sich zunächst alles recht gut an. Die Thrombose heilte sogar schneller aus als erwartet. Aber dann zeigte sich immer deutlicher ein Nachlassen des Allgemeinbefindens. Seine Tochter schrieb später, wie sehr es sie wunderte, »daß er ... nicht fragte – weder nach dem Fortschreiten des Neubaus unter unseren Parterrefenstern, noch ... nach den kleinen Ergänzungen und Verbesserungen, die, wie er wußte, derweil vorgenommen worden waren in seinem geliebten Haus: die neuen Büchergestelle auf der ›obersten Diele‹; das Wandbrettchen in seinem Arbeitszimmer ... Vielleicht war dies das Schlimmste und Beängstigendste in meinen Augen: daß er nicht fragte.«

Obwohl er nicht etwa gänzlich untätig war, sondern dies und das las, auch Musik hörte, schien er doch an vielem, das ihn noch kurz zuvor stark bewegt hatte, im Innersten nicht mehr interessiert. Auch als er erfuhr, daß man ihn mit dem Friedensorden des »Pour le mérite« geehrt hatte, berührte ihn das kaum.

Und dann kollabierte er, was die Ärzte überraschte. Sie versuchten, ihn mit Injektionen und Transfusionen zu stärken, er aber wurde immer schwächer. Die Tochter sagte zu einem der Ärzte: »Sehen Sie denn nicht? Es geht zu Ende; quälen Sie ihn nicht länger ... – geben Sie ihm etwas Erleichterndes.« Der Arzt antwortete: »Ich kämpfe und muß weiterkämpfen. Es geht um ein volles Menschenleben ... Wir wissen ja nicht, was geschehen ist, aber wir müssen tun –

weitertun, was wir können.« – Noch am Abend dieses Tages starb er. Er ist – so sagt es seine Tochter – schlafend hinübergegangen.

Die eigentliche Todesursache fanden die Ärzte in einer nachträglichen Untersuchung. In ihrem Bericht heißt es: »Die Ursache der Thrombose lag in der schweren Verkalkung der großen Bein-Arterien; an der Stelle der Arterienwand, die normalerweise der Vene dicht anliegt, war die sehr brüchig gewordene Arterienwand durchgescheuert . . . Die durchgescheuerte Wand hat zunächst wohl sehr wenig, dann immer mehr Blut durchgelassen . . . in das umgebende Gewebe . . ., und langsam wurden auch die Nerven und besonders die Geflechte des Sympathicus außer Funktion gesetzt . . . Die Arteriosklerose . . . war in ganz ungewöhnlich hohem Maße entwickelt und hat im wesentlichen wohl nur die Arterien des Gehirns verschont . . . Wäre nicht . . . der Zwischenfall eingetreten, so wären mit Sicherheit in absehbarer Zeit in anderen Gefäßgebieten Störungen erheblicher Art aufgetreten, die vielleicht mit erheblichen Schmerzen verbunden gewesen wären, so daß man, medizinisch gesehen, sagen muß: wenn ein derartiges Ereignis schon eintreten mußte, so ist es in der schonendst möglichen Form erfolgt . . .«

Die Tochter sagte: »Du warst gnädig geführt bis zum Ende . . .«

Wer war's?

2 *Nachträglich für verrückt gehalten*

Man weiß von ihr sehr viel, aber nahezu alles wird zugleich immer wieder in Frage gestellt. Es beginnt bereits mit ihrer Herkunft: stammte sie wirklich aus einfachsten Verhältnissen, oder kam sie – wie einige behaupten – in Wahrheit aus königlichem Haus und war jenem Bauernehepaar, bei dem sie aufwuchs, nur zur Pflege gegeben worden? Ähnlich geht es mit ihrem Aussehen und ihrer körperlichen Struktur. Obgleich es von ihr keine zeitgenössischen Darstellungen gibt, wird ihr Aussehen heute recht genau beschrieben. Danach war sie ziemlich groß, sehr kräftig, jedoch schlank um die Taille; ihr Gesicht sei anmutig, die Nase gerade, ein wenig dünn, die Lippen seien fein, das Kinn klein gewesen. Auch weiß man überraschenderweise von einer Abnormität der Geschlechtsorgane zu berichten und davon, daß sie ihr Leben lang – das freilich keine zwanzig Jahre währte – amenorrhoisch gewesen sei. Und ihre Virginität hat sie – was angeblich mehrmals nachgeprüft wurde – nie verloren. Sie hatte eine Vorliebe für körperliche Übungen, für männliche Beschäftigungen, auch für Männerkleidung.

Wie sie körperlich offenbar nicht als normal bezeichnet werden kann, so auch geistig nicht. Hier gehen die Beurteilungen allerdings weit auseinander, wenngleich ein großer Teil jener, die über sie geschrieben haben, sie für geisteskrank halten (und es haben sehr viele über sie geschrieben: allein die Aufzählung der Buchtitel umfaßt mehr als tausend Seiten). Nur um welche Art von Geisteskrankheit es sich bei ihr handelte, ist unklar. War es eine Psychose? Lebte sie in einem dauernden Delirium? Handelte es sich um religiösen Größenwahn, der nicht nur in ihrem Sendungsbewußtsein zum Ausdruck kam? Um Paranoia religiosa? Oder um Paranoia hallucinatoria chronica, das heißt, litt sie an einer langsam verlaufenden halluzinatorischen Verzücktheit, an Wahnvorstellungen?

Zweifellos waren wahnhafte Selbsterhöhungstendenzen im Spiel. Manchmal nannte sie sich »Tochter Gottes«, und einmal rühmte sie sich, sie werde drei Söhne haben, von denen einer Papst, einer Kaiser und einer König sein werde. Sie glaubte eine göttliche Mission zu haben, einen Auftrag, der ihr in allen Einzelheiten gesagt worden war, und zwar auf eine von anderen nicht kontrollierbare Weise. An diesem Auftrag hielt sie mit unerschütterlicher Starrheit fest. Davon abgesehen, blieb ihr Verhalten durchaus unverdächtig, ja es war ausgesprochen diszipliniert.

Manche haben sie für schizophren erklärt, wobei sie darauf hinwiesen, daß Schizophrenie schon im Kindesalter vorkommen kann; bei ihr zeigten sich die Symptome ihrer Besonderheit im Alter von dreizehn Jahren: ihre starke Einbildungskraft, ihre Neigung zu Träumereien, zur Ekstase, zu Enthusiasmus und Halluzination.

Einige sprechen ihr hellseherische, mediale, spiritistisch-parapsychologische Fähigkeiten zu, andere erklärten sie für eine Heilige. So unterschiedlich die vielen Ansichten über sie sind, eines ist fast allen gemein, nämlich sie als Genie anzuerkennen, ja sie wurde sogar als »das größte der bekannt gewordenen weiblichen Genies der Weltgeschichte« bezeichnet.

Ihr gewaltsamer Tod hat mindestens so viel Aufsehen erregt wie das, was sie mit der Erfüllung ihres »göttlichen Auftrags« bewirkte. Er hat sie gewissermaßen unsterblich gemacht, und er veranlaßte viele Dichter, ihr Leben, ihre Taten, ihr Sterben darzustellen; es entstanden etwa 600 Dichtungen über sie, davon 200 Dramen.

Übrigens ist sogar ihr Tod nicht unbestritten geblieben. Schon bald (und später in Abständen immer von neuem) wurde behauptet, in Wahrheit sei sie entkommen, das heißt, man habe sie entkommen lassen; sie habe noch viele Jahre gelebt, habe geheiratet und Kinder zur Welt gebracht. Fest steht jedoch lediglich, daß sich nach ihrem Tode eine andere für sie ausgab. Aber während die Nachahmerin rasch in Vergessenheit geriet, kam sie, das Urbild, postum zu immer größerem Ansehen, auch bei ihren einstigen Gegnern.

Wer war's?

3 *Jahrelang wünschte er den Tod seiner Frau*

Als Siebenundvierzigjähriger hatte er sie kennengelernt. Sie war 20 und – wie auch er – verheiratet. Sie sah gut aus, war schlank, graziös, hatte schwarze Augen mit langen Wimpern, war temperamentvoll und scheint ihren sehr viel älteren Mann nicht sehr geliebt zu haben. Um so mehr aber ihn, den sehr viel Berühmteren. Und zusammen haben sie zweifellos gehofft, einmal ganz ihrer Liebe leben zu können, das heißt, ohne ihren Mann und ohne seine Frau.

Aber die Jahre gingen hin. Als er schon 60 war, wurde sie Witwe, und er schrieb ihr von einer Auslandsreise: »Was Deinen Mann betrifft, so sage ich Dir, daß die Vorsehung gut daran getan hat, Dich von dieser schweren Bürde zu befreien. Auch für ihn ist es besser, im Jenseits zu sein als nutzlos auf dieser Welt. Der Arme hat genug gelitten.« Und er erinnerte an ihren alten gemeinsamen Wunsch: »Vielleicht, vielleicht wird noch die Zeit kommen, die wir uns so oft herbeigesehnt haben, daß vier Augen sich schließen. Zwei haben sich geschlossen, aber die anderen zwei . . .«

Die anderen zwei gehörten seiner Frau und waren noch sehr wachsam, weswegen er von vielen Leuten bedauert worden ist. Denn seine Ehe war von Anfang an nicht glücklich. Er war 28 Jahre alt, als er die vier Jahre Ältere geheiratet hatte. Nicht nur durch den

Altersunterschied war sie immer im Nachteil gewesen. Hinzu kam sein stetig wachsender Ruhm, an dem sie – wie auch an seinem öffentlichen Leben – so gut wie keinen Anteil hatte. Sie blieb immer im Hintergrund, voller Eifersucht auf seine zahlreichen Verehrerinnen und anfangs auch auf ihre jüngere Schwester, die er eigentlich hatte heiraten wollen. Um sie jedenfalls, die seine Schülerin war, hatte er geworben, doch als sie ihm zu verstehen gab, daß sie in ein Kloster gehen wollte, hatte er die Ältere genommen, mit der er nun, da seine Freundin Witwe wurde, 32 Jahre lang verheiratet war. »Sie befindet sich wirklich gar nicht wohl«, antwortete er seiner Freundin auf eine entsprechende Anfrage, »aber bei diesen ihren gewohnten Krankheiten hält sie sich aufrecht und wird vielleicht länger leben als ich. Dieses Schicksal muß man der Vorsehung überlassen.«

Die Freundin tröstete er mit dem Zusatz: »Ich hoffe, Dich im kommenden Jahre wiederzusehen und Dir alles zu erzählen, was mir zugestoßen, seit ich von Dir fort bin. Ich hoffe zu Gott, immer der gleiche zu sein, der ich Dir gegenüber war. Ich liebe Dich und werde Dir stets treu sein.«

Liebte er sie wirklich noch? Und sie, liebte sie ihn noch so wie einige Jahre zuvor? Für sie war er in erster Linie eine Einnahmequelle. Denn er unterstützte sie finanziell, sie und einen ihrer Söhne, von dem behauptet wurde – doch ohne den Beweis zu erbringen –, daß er von ihm sei. Es sieht indessen so aus, als habe er nicht so viel Geld für sie abgezweigt, wie sie es wohl gewünscht hätte. In einem seiner Briefe entschuldigte er sich damit, daß er nicht mehr so gut verdiene:

»Ich wollte, ich wäre imstande, Dir mehr zu senden, indes, da meine Einnahmen nicht genügend sind, mußt Du Geduld haben mit einem Manne, der bisher mehr getan hat, als er hätte tun dürfen. Bedenke, was ich Dir geschickt und gegeben habe, es ist noch kein Jahr vergangen ... Bedenke, was Dein Sohn mich kostet und wieviel er mich fürderhin noch kosten wird, bis ich ihn dazu gebracht habe, daß er in der Lage ist, sein Brot zu verdienen. Bedenke, daß ich mich nicht mehr so anstrengen kann, wie ich es in den vergangenen Jahren getan habe, da ich alt zu werden beginne und mein Gedächtnis nach und nach schwächer wird. Bedenke schließlich, daß ich aus diesen und vielen anderen Gründen nichts mehr hinzuverdienen kann und keine anderen Einkünfte habe als die Pension ..., die kaum ausreicht, mich zumal in diesen kritischen Zeiten zu erhalten ...«

Auch von seiner Frau, dem »Teufelsweib«, schrieb er in diesem Brief, und zwar: »Die Meinige ist meist kränklich und stets bei der gleichen üblen Laune, aber ich nehme schon gar keine Notiz mehr davon, schließlich wird auch diese Plage einmal ein Ende nehmen.« Bevor es soweit war, aber starb der Sohn seiner Freundin, für den er so viel getan hatte. Mit dem Jungen verlor er auch das Interesse an ihr. Denn als ein Jahr später – inzwischen war er 68 – endlich seine Frau starb, heiratete er die Freundin nicht, sondern gab ihr lediglich folgende schriftliche Erklärung:

»Ich Endesgefertigter verspreche der Frau L . . . P . . . (Im Falle ich gesonnen sein sollte, mich neuerdings zu verehelichen), keine andere Frau zu nehmen als die genannte L . . . P . . ., und wenn ich Witwer bleibe, verspreche ich genannter L . . . P . . ., ihr eine alljährliche Pension . . . zu zahlen . . .«

Geheiratet hat er sie nicht mehr. Der Alternde hielt mehr und mehr Distanz. Auch in finanzieller Hinsicht. Das zeigen nicht zuletzt die verschiedenen Fassungen seines Testaments. In jeder Neufassung wurde ihr Anteil geringer, und eine ursprünglich zu ihren Gunsten abgegebene »Verheißung« erklärte er ausdrücklich »für null und nichtig«, und zwar mit der Begründung: »Weil so viele meiner Verwandten bei größerer Abgabe zu wenig erhielten . . .«

Als er im Alter von 77 Jahren starb, erhielt seine einstige große Liebe nicht einen Pfennig.

Wer war's?

4 *»Meine Lage im Haus wird unerträglich«*

Als junger Mann aus gutem Hause, gut erzogen, mit dem Ziel, Diplomat zu werden – wollte er immer »comme il faut« sein. Und er teilte die Menschen danach ein, ob sie »comme il faut« waren oder ob sie es nicht waren. Wer nicht tadellos französisch sprach, keine langen, wohlgepflegten Fingernägel hatte, nicht gut tanzte, in Salons nicht die Unterhaltung führen konnte und nicht bei alledem eine gelangweilte Gleichgültigkeit zur Schau trug, den lehnte er ab. Aber einige Jahre später – inzwischen war er auf der Universität gescheitert und Offizier geworden – bezweifelte er die Richtigkeit seiner Lebenseinstellung und kritisierte sich selbst:

»Wer bin ich eigentlich? Einer von vier Söhnen eines pensionierten Oberstleutnants, mit sieben Jahren Waise geworden, von Frauen erzogen, ohne naturwissenschaftliche Unterrichtung ... Ich bin häßlich, ungeschickt ..., jähzornig, verdrossen, intolerant, prüde wie ein Kind. Fast ungebildet. Unmäßig, unentschlossen, unbeständig, lächerlich eingebildet und aufbrausend wie alle Charakterlosen. Ich bin nicht mutig. Ich bin derart unordentlich und faul, daß das Nichtstun fast zu einer tyrannischen Gewohnheit für mich geworden ist. Ich bin klug, aber mein Geist ist noch nie ernstlich auf die Probe gestellt worden. Ich bin ehrlich in dem Sinn, daß ich das Gute liebe; doch mehr als das Gute liebe ich den Ruhm ... jawohl, es fehlt mir an Bescheidenheit; deshalb bin ich innerlich hochmütig und äußerlich schüchtern.«

Er wollte sich ändern. Aber es sah nicht so aus, daß er es schaffen würde. Ein bekannter Dichter, den er damals besuchte, notierte über ihn: »Er hat sich bei mir festgesetzt und sich unverzüglich in die Ausschweifungen gestürzt! Saufereien, Zigeuner und Karten die ganze Nacht! ... Ich habe versucht, ihn davon zurückzuhalten, aber ich habe darauf verzichten müssen!«

Zu jener Zeit hatte er jedoch schon seine eigentliche Begabung entdeckt, die ihn ein Werk schaffen ließ, durch das er weltberühmt wurde. Den Offiziersberuf gab er auf, um nur noch für sein Werk und für seine moralischen Ideen zu leben, die das krasse Gegenteil seines bis dahin geführten Lebens waren. Beigetragen zu dieser Wandlung hatte die Begegnung mit jenem Mann, der den Grundsatz aufgestellt hatte: »Eigentum ist Diebstahl«. Diese Meinung vertrat von da an auch er, der als Student ungeheure Summen verspielt hatte.

Im Alter von 34 Jahren entschloß er sich, eine Familie zu gründen. Er heiratete eine Achtzehnjährige, die kurze Zeit nach der Hochzeit in ihr Tagebuch schrieb: »Ich lebe nur für ihn, und ich erwarte das gleiche von ihm, sonst ersticke ich hier.«

Zwar wurde es keine glückliche Ehe, trotz der vielen Kinder, die sie miteinander hatten, und trotz einer engen Zusammenarbeit, zu der es zwischen ihnen kam. Allerdings war ihr Anteil daran untergeordneter Art: abends, nachdem sie ihren Haushalt erledigt hatte – was bei zahlreichen Kindern ein umfangreiches Pensum bedeutete –, schrieb sie bis spät in die Nacht seine Manuskripte in Reinschrift.

Für sie war es nicht einfach, mit ihm auszukommen. Denn sosehr er sich gewandelt hatte vom haltlosen Spieler und Trinker zu einem disziplinierten Arbeiter, eines war er geblieben: intolerant. Er wollte, daß die anderen ebenso lebten wie er, der das Leben seiner Standesgenossen, das in seinen Augen lediglich aus Müßigkeit, Sinnlichkeit, Genuß und Furcht vor dem Tod bestand, für dumm und unmoralisch erklärte und selber ein einfaches Leben propagierte.

Da er zugleich ein Leben der Wahrheit forderte, ließ er seine Frau auch seine Tagebücher lesen, zumindest einen Teil, den sie ebenfalls in Reinschrift übertragen mußte. Als sie seine Eintragung fand: »Liebe gibt es nicht – es gibt einen Wunsch nach fleischlicher Vereinigung . . .«, schrieb sie in ihr Tagebuch: »Ach! Wenn ich einen solchen Satz vor neunundzwanzig Jahren gelesen hätte, wäre ich gewiß nicht bereit gewesen, ihn zu heiraten.«

Aber sie fand noch schlimmere Eintragungen. Und eines Tages – inzwischen waren sie 33 Jahre verheiratet – schrieb sie ihrem Mann: »Warum erwähnst Du jedesmal, wenn Du in Deinem Tagebuch meinen Namen nennst, ihn mit soviel Mißmut? Warum könntest Du wünschen, daß die kommenden Geschlechter und unsere eigenen Enkel meinen Namen als den einer unnützen und boshaften Ehefrau, die Dich unglücklich gemacht hat, brandmarken? Wenn Dein Ruhm dadurch größer wird, daß Du Dich als *Opfer* hinstellst, dann ermiß auch die Tragweite dieses Schlages auf mich!«

Noch fünfzehn Jahre lebten sie zusammen. Dann verließ er – inzwischen 82 Jahre alt – die Frau und sein Haus. In seinem letzten Brief an sie heißt es: »Meine Lage im Haus wird unerträglich, sie ist es längst geworden. Abgesehen von allem anderen, ist es mir unmöglich, in dieser luxuriösen Umgebung weiterzuleben . . ., ich verlasse dieses weltliche Leben, um meine letzten Lebenstage in Abgeschiedenheit und Stille zu verbringen . . . Ich danke Dir für Dein ehrliches achtundvierzigjähriges Zusammenleben mit mir und bitte Dich, mir zu verzeihen, wenn ich mir Dir gegenüber etwas habe zuschulden kommen lassen, ebenso wie ich Dir von Herzen alles verzeihe, was Du vielleicht an mir verschuldet hast . . .«

Wenige Tage nach seiner Abreise ist er an einer Lungenentzündung gestorben.

Wer war's?

5 *Da wurden ihm die Beine zerschlagen*

Wohl das Erstaunlichste an ihm, jedenfalls im Zusammenhang mit seinem Beruf, war seine Empfindlichkeit gegen Lärm. Es gab Tage, da steigerte sie sich bis zur Angst. Dann mußte absolute Stille herrschen. Seine Untergebenen durften nur flüstern, Hühner und Hunde wurden aus der Umgebung entfernt. Auch das Glockenläuten ließ er untersagen. Und in den Straßen ließ er Wachen patrouillieren, die dafür sorgen mußten, daß – so ist es überliefert – »kein Getümmel und Zänkerei entstünde; denn es ist unglaublich, wie ungern dieser Mensch einen Tumult um sich gelitten, und er konnte nicht hören, daß etwa ein Spatz zu laut geschrien«.

Daß seine Lärmempfindlichkeit so sehr respektiert wurde, lag nicht nur in seiner Macht begründet, sondern vielleicht mehr noch in der Furcht vor seinen Wutanfällen, die das kleinste ihn störende Geräusch bei ihm auslösen konnte. Zu Jähzorn neigte er schon in jungen Jahren. In einem Horoskop, das der Fünfundzwanzigjährige sich hatte stellen lassen, hieß es von ihm: »Niemand achtend, nur sich selbst und seinen Wollüsten ergeben, hart über die Untertanen, ... ungleich im Verhalten, meist stillschweigend, oft ungestüm, auch streitbar, unverzagt ...«

Bis zu seinem 30. Lebensjahr war er im Trinken ausgesprochen maßlos. Die Folge war, daß er schon früh an Gicht litt; er konnte nur Stiefel aus weichstem Leder tragen. Vom 30. Jahr an trank er auf ärztlichen Rat nur noch leichten Wein und sehr mäßig. Auch im Essen hielt er sich zurück. Dennoch war der Aufwand an seiner Tafel enorm, aber vor allem wegen der Gäste und um zu renommieren. Er hatte einen starken Hang zum Prunkvollen, wobei er indessen keine Ausnahme darstellte. Eine Ausnahme war er insofern, als er sich den Prunk leisten konnte. Denn er war einer der reichsten Männer seiner Zeit.

Den Kern seines Reichtums hatte er durch seine erste Frau erworben. Die reiche Heirat war ihm in dem bereits erwähnten Horoskop vorausgesagt worden. An dieses Horoskop, das ihm von einem bedeutenden Wissenschaftler gestellt wurde, hat er fest geglaubt, so daß man später gesagt hat, er selbst habe die darin gemachten Voraussagen erfüllt. Da hieß es auch, er werde einen besonderen Aberglauben haben und dadurch eine Menge Volkes an sich ziehen, oder sich etwa »einmal von einer Rott, so malcontent, zu einem Haupt- und Räddelführer aufwerffen lassen«.

Am Ende erfüllte sich auch dies, jedenfalls so ähnlich. Das eigentliche Ende bestand jedoch darin, daß er ermordet wurde. Als sein Leichnam am Tag darauf abtransportiert werden sollte, in einem Bretter-sarg, war er hartgefroren, und es stellte sich heraus, daß der Sarg zu kurz war. Da wurden ihm mit einer Keule die Beine zerschlagen.

Wer war's?

6 *»... daß die Frauen mich beherrschen«*

Es scheint, daß er seinen Eltern, deren einziges Kind er blieb, wegen seiner schwachen Gesundheit Sorgen machte. Im Tagebuch seines Vaters heißt es an einer Stelle: »Nach der Impfung begann eine Periode, worin der Knabe abwechselnd mit Nervenleiden und Fieber zu kämpfen hatte, die ihn mehrmals in Lebensgefahr brachten. Einmal, in seinem zweiten oder dritten Jahre, hielten wir ihn für tot und ließen seinen Sarg machen. Dieser beunruhigende Zustand dauerte bis in sein sechstes Jahr fort.«

Dann, in eben seinem sechsten Jahr, zeigte sich seine besondere Begabung, die ihn schon in jungen Jahren berühmt werden ließ, nachdem er entsprechend ausgebildet worden war. Wenig, eigentlich so gut wie gar nichts wurde für seine allgemeine Bildung getan. Und dies hat ihn lange Zeit gestört. Als Zweiundvierzigjähriger schrieb er seinem Sohn: »Denen, die nicht regelrechte Schulstudien durchgemacht haben, mangelt immer ein gewisser Fonds, ... und noch jetzt bedauere ich oft, daß ich es versäumt habe, nach dem Tode meines Vaters strenge Unterrichtskurse durchzumachen. Aber ... andererseits war ich seit meinem zwölften Jahre genötigt, für meinen und meiner Eltern Unterhalt zu sorgen.«

Immerhin konnte er von sich sagen, daß es ihm gelungen war, »den Mangel planmäßiger Studien so gut ich konnte durch Lesen auszugleichen und mich vielleicht auch vor manchen meiner Fachgenossen auszuzeichnen ...« Ja, in seinem Fach erreichte er die Spitze – anerkannt auch von Gegnern, vor allem aber (und verehrt dazu) von Frauen. Letzteres hatte sein Vater früh erkannt und gefürchtet:

»Auf seinem Totenbette ... sagte mir mein Vater, daß ich ein gutes Herz und Verstand besäße, aber daß er befürchtete, daß die Frauen mein Leben verwirren und mich beherrschen würden.« Ihn wunderte das: »Diese Vermutung war sonderbar, denn ich hatte mit 16 Jahren noch keine Ahnung was ein Weib ist ...«

Dies sollte sich jedoch bald ändern. Nur wenige Monate nach dem Tod des Vaters verliebte er sich in eine seiner Schülerinnen, die Tochter eines Ministers. Aus der von ihm erträumten Verbindung wurde jedoch nichts, weil der Minister ihn als nicht standesgemäß kurzerhand hinauswarf.

Diese Demütigung hat ihn tief getroffen und so sehr deprimiert, daß er der Welt entsagen und Priester werden wollte. Seine Mutter – so sagte er später – hat ihn davon abgehalten, in ein Priesterseminar einzutreten. Viele Jahre später erhielt er dennoch eine kirchliche Weihe. Bis dahin hatten Frauen in seinem Leben entscheidende Rollen gespielt, ohne Rücksicht auf irgendwelche Standesunterschiede und Skandale, hatten sogar Männer und Kinder verlassen, um mit ihm zu leben.

Wer war's?

7 *»... Ich rate Ihnen, die Zähne herauszunehmen«*

Der Sechsundsechzigjährige hatte Sorgen mit seinen Zähnen. Es waren nicht mehr seine eigenen, sondern künstliche, und was ihn bekümmerte, war die Tatsache, daß sie ihr Weiß verloren und allmählich schwarz wurden. Er wollte den Grund wissen, wollte vielleicht gar reklamieren, und so schickte er sein aus den Zähnen eines Nilpferdes gefertigtes Gebiß seinem Zahnarzt. Nach einiger Zeit kam die Antwort; sie bestand aus einer Warnung vor Portwein:

»Sir: Ich sende Ihnen beiliegend zwei Sätze von Zähnen, einen zum Teil an den alten Stangen befestigt, und den Satz, den Sie mir geschickt haben, der, als ich ihn erhielt, sehr schwarz war, wahrscheinlich, weil Sie ihn entweder mit Portwein getränkt oder weil Sie Portwein getrunken haben. Portwein ist sauer, nimmt alle Politur weg, und jede Säure hat die Neigung, alle Arten von Zähnen und Knochen aufzuweichen. Säure wird bei der Färbung jeder Art von Elfenbein benutzt und ist daher sehr schädlich für die Zähne. Ich rate Ihnen, sie entweder nach dem Essen herauszunehmen, sie in klares Wasser zu stellen und einen anderen Satz einzusetzen, oder sie mit einer Bürste und etwas fein gemahlenem Kalk zu reinigen.«

Als dieser Brief geschrieben wurde, konnten sich nur reiche Leute den Luxus eines künstlichen Gebisses leisten. Er war reich, sehr reich sogar. Dabei hatte er ziemlich bescheiden angefangen. Als Landvermesser. Sicher lag es an diesem, seinem ersten Beruf, daß er ein besonderes Verhältnis zu Grund und Boden, zum Grundbesitz entwickelte. Alles Geld, das er von seinem Lohn erübrigte, legte er in Grundstücken an. Er war erst 18, als er sich 420 Hektar Land kaufte. Es bestand zum größten Teil aus Waldgebiet.

Knapp zehn Jahre später besaß er 17 000 Hektar Land. Einen großen Teil hatte er vom Staat erhalten, als Entschädigung für seinen Dienst als Offizier. Durch Heirat und weitere Käufe vergrößerte sich sein Grundbesitz noch beträchtlich. Zur Zeit seiner Zahnsorgen umfaßte sein Land 26 900 Hektar, also mehr als 100 000 Morgen. Fast alles wurde von ihm wirtschaftlich genutzt: Es wurde Tabak angebaut, vor allem jedoch Weizen, es wurden Rinder, Schafe, Maultiere, Pferde gezogen. Und neben der Landwirtschaft wurden mehrere Betriebe unterhalten: eine Spinnerei, eine Schuhmacherwerkstatt, eine Weberei, eine Mühle, eine Brennerei.

Landwirt war sein zweiter Beruf, Offizier sein dritter, Staatsmann sein vierter. In allen hat er Beachtliches geleistet. Aber weder als Offizier noch als Staatsmann nahm er ein Gehalt an; er ließ sich lediglich seine Ausgaben ersetzen. Als Offizier, das heißt als Oberkommandierender einer Armee, hat er einmal sogar, als mehr als zweitausend Soldaten von der Regierung nicht mehr ihren Sold bekamen und deswegen nach Hause gehen wollten, diesen Sold aus eigener

Tasche bezahlt. Das waren an 30 000 Dollar, mit denen er den größten Teil seines Barvermögens riskierte. Und ein anderes Mal setzte er noch mehr Geld ein, und zwar für seine in Kriegsgefangenschaft geratenen Soldaten, die der Gegner als Rebellen betrachtete und deswegen einfach verhungern lassen wollte. Immer wieder anderen zu helfen – das war seine Art von Heldentum.

Schon zu Lebzeiten wurde er als Nationalheld verehrt. Zwar notierte ein 22jähriger Besucher von dem Mittsechziger: »Sein Gesichtsausdruck und seine Unterhaltung waren so platt, daß ich ganz bestürzt war ... Ich mußte mich überzeugen, daß er kein Genie ist und keine bedeutenden Talente hat ... Er ist von langem Verstand und drückt sich schwerfällig aus ...« Aber der junge Mann hatte eben von seinem Helden eine falsche Vorstellung. Er übersah, daß jenem nicht mehr daran gelegen sein konnte, vor einem jugendlichen Besucher zu brillieren, sondern daß er endlich als Privatmann leben wollte. Auch deswegen hatte er es abgelehnt, sich ein drittes Mal zum Präsidenten seines Landes wählen zu lassen.

Übrigens lebte er nach dem Ärger mit seinen künstlichen Zähnen nur noch etwa ein Jahr. Er starb im Alter von 67 Jahren auf seinem Landsitz, wo er auch begraben wurde und der heute als Nationaldenkmal gilt.

Wer war's?

8 *Wegen Bruch des Eheversprechens vor Gericht*

Wohl jeder kennt seinen Namen und weiß von seiner Erfindung, die Mark Twain einmal »das unvergleichlich größte Ereignis« nannte, »das die Weltgeschichte kennt; sie schuf eine neue, wundervolle Welt, mit ihr aber auch eine neue Hölle«, und Georg Christoph Lichtenberg sprach von einer »Art Messias unter den Erfindungen«. Aber obwohl es einige tausend Bücher und Abhandlungen über ihn gibt, ist wenig darüber zu erfahren, wie er gelebt hat, und – trotz der vielen Denkmäler und Bilder, die es heute von ihm gibt – nichts darüber, wie er aussah.

Sein Leben wird fast immer als tragisches Erfinderschicksal dargestellt: Er hatte die bahnbrechenden Ideen, verwirklichte sie auch, andere aber, die ihm kaufmännisch überlegen und egoistischer waren, brachten den finanziellen Gewinn und den Ruhm auf ihre Seite. Aber andererseits gibt es in seinem Leben Vorkommnisse, die erkennen lassen, daß auch er sehr wohl darauf bedacht war, seinen finanziellen Vorteil wahrzunehmen, wenn sich die Gelegenheit ergab.

So ließ sich zum Beispiel der Enddreißiger viel Geld dafür bezahlen, daß er andere seine »geheime Kunst« lehrte. Einmal ist da von einer Geldsumme die Rede, die dem Wert mehrerer Stadthäuser oder zweier Landgüter mit Wiesen und Feldern entsprach. Jeder einzelne seiner Schüler mußte diese Summe aufbringen, um in jene Kunst eingeweiht zu werden, bei der Blei und Schmelzformen sowie Arbeiten von Goldschmieden und Schreinern eine große Rolle spielten.

Man weiß das aus den Protokollen eines Gerichtsprozesses. Zu dem Prozeß kam es, nachdem einer der Lernenden gestorben war und dessen Erben das Lehrgeld zurückforderten. So stand es nämlich im Vertrag. Er aber verweigerte die Rückzahlung des Lehrgeldes, und zwar mit der Begründung, daß der Vertrag nie besiegelt worden sei. Vor Gericht kam er damit durch; er brauchte den Erben nur einen Bruchteil des erhaltenen Lehrgeldes zurückzuzahlen und war damit aller weiteren Verpflichtungen ledig.

Dies war nicht das erstemal, daß er vor Gericht mußte. Drei Jahre zuvor hatte ein Edelfräulein ihn wegen eines nicht eingehaltenen Eheversprechens verklagt. Bei der Verhandlung (vor einem geistlichen Gericht) kam es zu einem Zwischenfall, der zeigt, daß er sich nicht leicht an den Wagen fahren ließ. Als ein von der Klägerin benannter Zeuge gegen ihn aussagte, bekam er einen Wutanfall und beschimpfte den Zeugen, einen Schuhmacher, als »armen, notdürftigen Menschen, der« – so steht es im Protokoll – »ein arm schnöd Leben führe mit Lügen und Trügen«. Die Folge war, daß der Zeuge ihn wegen Beleidigung verklagte.

Fast zwanzig Jahre später mußte er sich noch einmal vor einem Gericht verantworten. Diesmal ging es wieder um Geld und um einen Vertrag. Von seinem

Geldgeber, der die Erfindung finanziert hatte, war er verklagt worden, weil er das Geld nicht rechtzeitig zurückgezahlt hatte. Auch die im Vertrag vereinbarten Zinsen nicht. Mit Zins und Zinseszins ging es da alles in allem um eine Summe, die dem Wert von etwa 25 Stadthäusern entsprach. Er behauptete, der Geldgeber habe ihn von der Zinsbelastung ausdrücklich befreit. Allerdings sei das mündlich geschehen. Der Geldgeber aber berief sich auf den schriftlichen Vertrag, in dem von sechs Prozent Zinsen die Rede war.

Er hat diesen Prozeß verloren. Und mit ihm die Grundlage seiner Existenz. Seltsamerweise hat er mit keinem Wort darauf hingewiesen, daß er die Erfindung, die ihm finanziert worden war, ja tatsächlich gemacht hatte und daß er mit Hilfe seiner Erfindung etwas geschaffen hatte, was eben jetzt fertig war und dessen Verkauf ein Vielfaches seiner Schuldsumme ergeben müßte.

Wirklich hat sein Kontrahent mit dem Verkauf jenes Werkes ein gutes Geschäft gemacht. Er selber lebte von da an höchst bescheiden und geriet fast in Vergessenheit. Erst nach Jahren erinnerte man sich wieder an ihn, und der Alternde erhielt von seinem Landesherrn freie Wohnung und Verpflegung.

Wer war's?

9 *Ihr abgeschlagenes Haupt wurde geohrfeigt*

Im Alter von nicht ganz 25 Jahren wurde sie öffentlich hingerichtet, und zwar durch das Fallbeil. Ein Augenzeuge hat aufgezeichnet, wie das geschah: »Ohne Unterstützung stieg sie die Stufen des Blutgerüstes empor, immer noch mit der Gesichtsfarbe eines zufriedenen jungen Mädchens. Nur als ihr Hals vor der Menge entblößt wurde, färbte ein tieferes Rot ihre jungfräulichen Wangen. Ihr edles Haupt, ihre nackten Schultern, der ruhige Blick, den sie umherschweifen ließ, machten den tiefsten Eindruck. Schon halb verklärt, schien sie ein Engel des Lichts. Freundlich grüßte sie das Volk, das um das Schafott herumstand, und wollte das Wort an die Menge richten. Man hinderte sie daran. Da trat sie an die Todesmaschine und legte selber den Kopf an den dafür vorgesehenen Platz ... Das furchtbare Eisen fiel und trennte das schönste aller Häupter ab. – Der Henkersknecht zeigte dem Volk das blutige Haupt. In den Zügen des Gesichts sah man noch deutlich die Spuren des Lächelns. Der Elende aber war so gemein, dieses Haupt zu ohrfeigen ...«

Ob es in allem so war, wie der Zeuge es beschrieben hat, ist nicht mehr nachprüfbar. Aber daß der abgeschlagene Kopf vom Henkersknecht geohrfeigt wurde, ist nicht zu bezweifeln. Drei Tage nach der Hinrichtung wurde auch in einer Zeitung geschildert, wie »einer der Henkersknechte das Haupt ergriff, um es dem Volke zu zeigen, und sich erlaubte, diesem leblosen Haupt, dem keine Schuld mehr zukam, mehrere Ohrfeigen zu geben«. Der Schreiber bezeichnete dies als eine Niederträchtigkeit und wies noch darauf hin, daß jener Henkersknecht inzwischen von einem Gericht zu einer Gefängnisstrafe verurteilt worden war. Und dann schloß er seinen Bericht mit folgender Richtigstellung:

»Einige Personen, die falsch unterrichtet waren, haben geglaubt, der Scharfrichter selber habe diesen Fehler begangen. Das ist ein Irrtum.« Denn der Scharfrichter sei ein viel zu gebildeter Mann, »um sich zu einem solchen Mißgriff hinreißen zu lassen«, und sei »im Gegenteil sehr betrübt darüber«.

Der Körper der Hingerichteten war unmittelbar nach der Hinrichtung in ein Krankenhaus gebracht worden. Drei Ärzte untersuchten den Leichnam im Beisein von zwei Politikern, um dann »einstimmig« zu erklären, daß die Verurteilte »jungfräulich gestorben« sei.

Verurteilt hatte man sie wegen Mordes. Von Anfang an war sie geständig gewesen. Vor Gericht hatte sie einen Pflichtverteidiger, der nicht recht wußte, wie er sie verteidigen sollte. Später hat er davon folgende Darstellung gegeben: »Während der Ankläger sprach, ließen die Geschworenen mir sagen, ich ... solle mich darauf beschränken zu behaupten, die Angeklagte sei geistesgestört ... Wenn ich auch durchaus entschlossen war, meine Pflicht zu erfüllen, so wollte ich doch nichts sagen, was mein Gewissen und die Angeklagte ablehnen konnten. Und plötzlich kam mir der Gedanke, mich auf eine einzige Bemerkung zu beschränken, ... und ich sagte:

›Die Angeklagte gesteht kaltblütig das furchtbare Attentat, das sie begangen hat; sie gibt kaltblütig zu, es lange vorher geplant zu haben; sie gibt die abscheulichsten Einzelheiten zu; kurz, sie gibt alles zu und macht nicht einmal den Versuch, sich zu rechtfertigen. Das ... ist ihre ganze Verteidigung. Diese unerschütterliche Ruhe und völlige Selbstverleugnung, die selbst im Angesicht des Todes keine Reue zulassen, diese erhabene Ruhe und Selbstverleugnung sind eigentlich in der Natur nicht begründet; eine solche Handlung läßt sich nur erklären durch einen übersteigerten politischen Fanatismus, der ihr den Dolch in die Hand drückte. Und an Ihnen, meine Geschworenen, ist es, zu beurteilen, von welchem Gewicht diese moralischen Überlegungen in der Waagschale der Gerechtigkeit sein sollen. Ich wende mich an Ihre Klugheit.‹

Während ich so sprach, leuchtete in ihrem Gesicht ein Ausdruck der Befriedigung auf.«

Sie hat ein Testament hinterlassen, in dem sie im Hinblick auf den Ermordeten sagt: »O Freunde, ihr werdet eine wilde Bestie nicht bedauern, die sich an eurem Blut gemästet hat ...«

Wer war's?

10 *Reformen gegen Dummköpfe und Faulpelze*

Zweimal war er verheiratet. Seine erste Frau, die er als Neunzehnjähriger heiratete, liebte er sehr. Sie aber sehnte sich immer nur nach dem Tod. »Der Tod ist wohltätig«, schrieb sie in einem Brief, »... alles erweckt in mir das Verlangen, möglichst bald zu sterben. Gott kennt meinen Wunsch, aus einem Leben zu scheiden, das Ihn täglich beleidigt. Was habe ich in dieser Welt zu schaffen? ... Wenn man sich selbst den Tod geben dürfte, hätte ich es schon getan.« Drei Jahre nach ihrer Heirat wurde ihr Wunsch erfüllt. Sie starb an den Pocken.

Für ihn war es ein schwerer Schlag. »Ich habe alles verloren«, schrieb er seinem Bruder, »ich wünsche Dir von Herzen eine ebenso gute Frau, wie die Verstorbene es war; aber der Herr möge Dich vor einem ähnlichen Unglück bewahren.« Und vier Monate später an seine Mutter: »Mein Herz ist zerrissen; der Verlust meiner geliebten Frau hat sich mir so tief ins Herz gegraben, daß ich jeden Augenblick daran denken muß ... Ich kann meine Tränen nicht zurückhalten.«

Dennoch wurde schon bald eine neue Frau für ihn ausgesucht. »Sie ist sechsundzwanzig Jahre alt«, beschrieb er sie nach der ersten Begegnung, »eine kleine, untersetzte Person, ohne jugendlichen Charme, mit Pickeln und roten Flecken im Gesicht und abscheulichen Zähnen . . .« Er hat sie nach der Hochzeit kaum beachtet. Auf dem Balkon, der ihre Zimmer verband, ließ er eine Trennwand anbringen. Und eine seiner Schwestern meinte: »Ich glaube, wenn ich seine Frau wäre und so schlecht behandelt würde, liefe ich ihm davon und hängte mich an einem Baum auf.«

Zweieinhalb Jahre nach der Heirat starb auch seine zweite Frau, und zwar ebenfalls, wie die erste, an den Pocken. Er hat danach nicht mehr geheiratet und sich überhaupt wenig um Frauen gekümmert. Seinem Bruder schrieb er einmal: »Ich muß zugeben, daß die Frauen mich enttäuschen, je mehr ich von ihnen sehe . . . Ich will von Liebe nichts wissen. Ich kann mich nicht entschließen, auf Bälle zu gehen und wünsche keine neuen Bekanntschaften zu machen. So gehe ich schlafen, und nichts stört meinen Seelenfrieden.«

Da er, wie er selbst sagte, »Gott sei Dank weder Weib noch Anhang« besaß, konnte er seine ganze Energie auf seine Arbeit verwenden. Doch kam er da nicht so gut voran, wie er es gewünscht hatte. »Die Arbeit häuft sich täglich mehr«, klagte er, »aber es ist nichts geschafft. Dabei arbeite ich jeden Tag bis fünf oder sechs Uhr abends, mit nur einer Viertelstunde Pause, wo ich allein esse . . .« Und schon früh am Morgen fing er an.

Sein Arbeitspensum, das er sich selbst auferlegt hatte, war deswegen so gewaltig, weil er so ziemlich alles ändern, reformieren, verbessern wollte. Er sah überall nur Ungerechtigkeit, Verschwendung, Egoismus, alles ging ihm zu langsam, und in den Ämtern schienen ihm viel zu viele Dummköpfe zu sitzen, sogar in höchsten Regierungsämtern. Er schlug vor, die Beamten, besonders die höheren, zu größerem Fleiß anzuspornen. Auch die Universitätsprofessoren müßten angetrieben werden, meinte er, und als Anreiz schlug er vor, ihnen Vorlesungshonorare zu gewähren. Die Zahl der Staatsminister sollte drastisch dezimiert werden. Die Regierung müsse zum Sparen angehalten werden. Der Handel müsse gefördert werden, und zwar durch Abschaffung der Monopole. Kirchliche Institutionen sollten sich mehr um das Wohl der Allgemeinheit kümmern. Die Armee müßte zu öffentlichen Arbeiten herangezogen werden. Er forderte den Abbau von Standesprivilegien, die Abschaffung der Todesstrafe, und er meinte, die Regierung müsse nach Talenten Ausschau halten, um sich ihrer zu bedienen.

Denn vor allem Leistung und Können sollten entscheiden, wer ein Amt übernimmt. Nicht aber Abstammung und Beziehungen. Die bestehenden Verhältnisse, die er ändern wollte, beschrieb er so: »Welche Aussichten hat ein junger Mann nach seiner Schulzeit? Wenn er aus vornehmer Familie ist, bummelt er herum und lernt schnell, nur noch seinen Vergnügungen nachzugehen, sich mit Pferden oder mit Opern und Komödien die Zeit zu vertreiben ... Wenn er tanzen kann und das Glücksspiel liebt, ist er in der Gesellschaft hoch angesehen ... Eine Anstellung bei der Regierung ist das mindeste, was für seinen guten Namen und seine Vorfahren getan werden muß ... Ist er vermögend, so versucht jede adlige Familie, ihn einzufangen und benutzt ihren Einfluß bei Hofe, um ihm, ungeachtet seiner Fähigkeiten, eine Stellung zu verschaffen, damit er irgend jemandes Tochter oder Nichte heiraten kann. Der Titel Geheimer Rat kann ihm nicht abgeschlagen werden, selbst wenn er noch so ein Dummkopf ist ... Später steigt das Gehalt, der Rang ... Ein Faulpelz von sechzig Jahren hat dann schließlich auf alle Privilegien Anspruch, sogar noch für seine Familie.«

Dies schrieb er nicht etwa in ein Tagebuch oder als Brief, sondern als ein Memorandum, das er mit dem Satz schloß: »Wenn der Hof und die Minister alle diese hohlen und unnützen Mitarbeiter nicht mehr ehrten, sondern mit Verachtung straften, wäre alles bald anders.«

Kein Wunder, daß er nicht bei allen beliebt war und viele ihn mit Mißtrauen beobachteten. Auch seine Mutter, von der er lange abhängig war, und die er in jeder Hinsicht für verschwenderisch hielt. Sie lebte ausgesprochen gut und wurde immer dicker, während er auf Stroh schlief, billiges Rindfleisch aß und fast immer nur Wasser trank. Seinen Reformeifer hielt sie für gefährlich. Und tatsächlich hat er vieles von dem, was er reformiert hat, wieder zurücknehmen müssen, bis er im Alter von nicht ganz 49 Jahren starb.

Wer war's?

11 *Den Staat um Steuergelder betrogen*

Sein Leben lang hat er sich über die Geldgier seiner Landsleute aufgeregt. Und einem von ihnen, dem es gelungen war, ganz besonders viel Geld zu verdienen, schrieb er diesen Brief:

»Wie sehr bedaure ich Sie; und zwar aufrichtig. Sie sind ein alter Mann und hätten eine Ruhepause verdient. Und trotzdem müssen Sie sich abmühen und kämpfen und sich selbst verleugnen, sich des beruhigenden Schlafs berauben und des Seelenfriedens, weil Sie unbedingt Geld brauchen ... Ich weiß, Sie haben siebzig Millionen. Aber Sie wissen auch, und ich weiß es, daß es nicht der Besitz ist, der unseren Wohlstand ausmacht. – Es ist das Zufriedensein mit dem, was man hat. Das ist Wohlstand. So lange jemand unbedingt einen bestimmten zusätzlichen Betrag *braucht*, ist der Mann nicht reich ... Ich bin gerade reich genug, um das billigste Pferd in Ihrem Stall zu kaufen, vielleicht, aber ich könnte nicht ernsthaft und aufrichtig beeiden, daß ich mehr brauchte. Und deshalb bin ich reich.«

Weit gefehlt aber wäre es, von diesem Brief auf einen bescheidenen, zufriedenen Menschen zu schließen, der froh ist, gerade sein Auskommen zu haben. In Wahrheit war der Briefschreiber nicht weniger hinter dem Geld her als jene, denen er das vorwarf, und zumindest zeitweise mit beachtlichem Erfolg. Aus recht bescheidenen Verhältnissen kommend und in der Schule nur höchst mangelhaft ausgebildet, brachte er es immerhin zu einigem Wohlstand. Schon der Mittdreißiger konnte für sich und seine Familie ein imposantes Haus bauen, das neunzehn große Räume und fünf Bäder hatte und das er aufwendig einrichtete. »Es ist das herrlichste Heim, das es je gab«, sagte er.

Aber war er denn zufrieden in jener Pracht von Marmorfußböden, Perserteppichen, dem kostbaren Mobiliar aus Venedig, den musealen Figuren, die er überall aufstellte? Wollte nicht auch er immer mehr, nachdem er schon als ganz junger Mann versucht hatte, als Silbergräber auf einen Schlag reich zu werden? Zuvor war er Soldat gewesen, was ihm aber nicht gefallen hatte. Und so war er kurzentschlossen desertiert. Das Silberfieber hatte ihn jedoch auch nicht reich werden lassen. Der Schacht, in dem er grub und wo er sich bereits ein Leben als Millionär erträumte, führte zu keiner Ader.

Der Erfolg kam später und auf ganz andere Art, nachdem er eine ganze Reihe von Berufen durchprobiert hatte. Und der Erfolg korrumpierte auch ihn. Da schrieb er, es gebe nunmehr in seinem Land nicht einen ehrlichen Menschen mehr, nachdem er, der letzte, gewissermaßen aufgegeben habe: »Ich habe den Rekord lange gehalten ... Dann bin ich tief gesunken ... und habe den Staat um Steuergelder betrogen, genau so, wie die Gewissenlosesten dieser ganzen Gesellschaft.«

Obgleich er in seinem eigentlichen Beruf viel und

immer mehr Geld verdiente, eröffnete er – um noch mehr zu verdienen – eine Firma (mit der er später fast Konkurs machte). Und er konnte es sich erlauben, ein Vermögen in Erfindungen zu stecken. Erfindungen faszinierten ihn. Und immer wieder rechnete er aus, wie die Erfindungen, an denen er sich beteiligte, sein investiertes Geld vervielfachen würden. Vor allem Maschinen taten es ihm an. »Liebling«, schrieb er an seine Frau, »ich habe heute eine Zaubermaschine gesehen. Du könntest sie in mein Atelier stellen, und es wäre noch Platz genug, um Zuschauer rundherum sitzen zu lassen. Die Maschine macht Briefumschläge – 9000 in der Stunde. Du legst 500 Bogen Papier in die Maschine und kannst dann beiseite gehen und sie allein arbeiten lassen ...«

Er aber hat immer auf die falschen Maschinen gesetzt und dabei sehr viel Geld verloren. Im gleichen Maße wie seine finanziellen Verluste, wuchsen sein Pessimismus und seine Menschenverachtung. Am Ende kam er zu der Überzeugung, daß der Mensch allein von seinem Egoismus getrieben wird und letztlich nichts anderes sucht als ein größtmögliches Maß an Selbstbefriedigung.

Wer war's?

12 *Ein Leben lang »die letzte Zigarette«*

Angst und zugleich Verwunderung darüber, »nicht so zu sein wie die andern«, bestimmten sein Leben. Er meinte, ein »Lebensunfähiger« zu sein, ein »Untauglicher«, ohne Aussicht auf Besserung. »Wer nicht von Natur aus imstande ist, rechtzeitig auf die Beute zuzustoßen, wird es niemals lernen«, heißt es bei ihm; »er wird vergeblich den andern zusehen, wie sie es machen – er wird es ihnen nicht gleichtun können. Man stirbt in dem gleichen Zustand, in dem man geboren wurde, entweder mit Händen als Fangorganen oder mit solchen, die nichts festzuhalten vermögen.«

Man kann indessen nicht sagen, daß er gar nichts festgehalten hat. Zwar mußte er nach dem Zusammenbruch des väterlichen Geschäfts seine Studienpläne begraben und als unbedeutender Bankangestellter seinen Unterhalt verdienen, achtzehn Jahre lang. Doch heiratete er dann die Tochter eines Fabrikanten. Von da an war er finanziell ziemlich gesichert.

Doch war das für ihn nicht das Entscheidende. Ihm ging es um etwas ganz anderes. Sein Bruder sagte einmal: »Der Großteil seines Lebens spielt sich in seinem Inneren ab.« Was sich da eigentlich abspielte, was er dachte, was er fühlte und warum das so war, das wollte er analysieren und festhalten. Dabei kam es ihm auf eine konzessionslose Art auf die Wahrheit an, um –

so sagte er – »sich selber besser kennen zu lernen«. Dies nannte er als Grund dafür, daß er in seiner freien Zeit »kritzelte«.

Seine »Kritzeleien« hielt er nicht etwa geheim, vielmehr versuchte er, sie unter die Leute zu bringen. Der Erfolg war gering. Offenbar waren seine Wahrheiten nicht gefragt. Obwohl nur auf ihn selber bezogen, waren sie wie ein Spiegel, in denen auch andere sich wiedererkennen müssen. In einer Zeit, die noch den Helden liebte, das Vorbild, wollten aber nur wenige sich selbst so sehen, wie er sich darstellte: schwächlich, stets voller Angst vor irgendwelchen Krankheiten und als Mittdreißiger schon senil. Allenfalls mochte man noch seinen vergeblichen Versuch, sich das Rauchen abzugewöhnen und ein Leben lang die »letzte Zigarette« zu rauchen, als einen zwar schwachen, doch liebenswerten Zug hinnehmen.

Später hat man diesen Mann ein »Wunder an Seelenkenntnis« genannt, ein »Genie illusionsloser Genauigkeit«, einen »Binnendetektiv, dem keine Regung seiner Geschöpfe entgeht«. Seine Geschöpfe sind alles in allem niemand als er selbst. Und so wie sie kaum Beachtung fanden, hat man auch ihn kaum beachtet, bis er im Alter von 66 Jahren das Opfer eines Autounfalls wurde. Nur ein ihm befreundeter Dichter interessierte sich für ihn und nahm ihn als Urbild für eine seiner eigenen Gestalten. So ist er auf zweifache Weise in die Weltliteratur eingegangen.

Wer war's?

13 *Wirkte durch Stille und Bescheidenheit*

Nachdem er im Alter von 16 Jahren das Abitur bestanden hatte – mit ganz vorzüglichen Noten – wußte er nicht, welchen Beruf er wählen sollte. Da er vor allem auf musikalischem Gebiet begabt war – er spielte sehr gut Klavier und auch Violoncello –, erkundigte er sich bei seinem Musiklehrer nach den Aussichten eines Musikstudiums. Die Antwort: »Wenn Sie schon fragen, studieren Sie etwas anderes!«

Als Alternative erschien ihm ein naturwissenschaftliches Studium möglich, aber sein Physiklehrer riet dringend ab, und zwar mit der Begründung, da sei im wesentlichen alles erforscht. Eine Zeitlang dachte er daran, Altphilologe zu werden, denn in Latein und Griechisch war er immer besonders gut.

Man kann schwerlich sagen, daß er schließlich jenen Weg ging, den er gehen mußte. Er jedenfalls war überzeugt, daß es auch ein anderer hätte sein können, und wahrscheinlich hätte er in einem anderen Beruf ebenfalls Überdurchschnittliches geleistet. In einem Zeugnis des Vierzehnjährigen hieß es: »Mit Recht der Liebling seiner Lehrer und seiner Mitschüler, der Jüngste der Klasse und bei aller Kindlichkeit ein sehr klarer, logischer Kopf. Verspricht etwas Rechtes.« Und ein anderes Mal: »Macht durch sein artiges, bescheidenes Benehmen einen sehr guten Eindruck.« Seine Bescheidenheit wurde immer wieder gerühmt, auch in späterer Zeit, als er es zu hohen Ämtern, zu Ansehen und großen Auszeichnungen gebracht hatte. »Er wirkte durch seine Stille und Bescheidenheit, die ihn über das Getriebe der politischen ... Kreise hinaushob«, schrieb ein Kollege.

Allerdings kam auch für ihn eine Zeit, in der es nicht mehr möglich war, in Stille und Bescheidenheit über das politische Geschehen hinwegzusehen. Zwar hatte er keinerlei Anlagen zum Revolutionär, er war im Gegenteil seinem innersten Wesen entsprechend durchaus staatsloyal, und für die pazifistische Haltung eines ihm befreundeten, ebenfalls berühmten, ja noch berühmteren Fachkollegen, der die Kriegsdienstverweigerung propagierte, fehlte ihm das Verständnis, aber er kam dennoch mehr und mehr in Gegensatz zu jenen Forderungen, die aus politischen Gründen an ihn gestellt wurden. Das galt noch mehr für seinen Sohn, der diesen Gegensatz mit dem Leben bezahlen mußte. Vergeblich hat der Vater – wie er selber schrieb – »Himmel und Hölle in Bewegung« gesetzt, »um wenigstens eine Umwandlung (des Todesurteils) in eine Freiheitsstrafe zu erwirken«.

Mit dem Sohn verlor er das letzte seiner vier Kinder aus erster Ehe. Sein ältester Sohn war gefallen (nachdem einige Jahre zuvor seine erste Frau gestorben war). Ein Jahr später starb eine seiner Töchter bei der Geburt ihres ersten Kindes. Seine zweite Tochter, eine Zwillingsschwester der Verstorbenen, nahm sich des Kindes an und heiratete später den Witwer. Aber dann, nach etwa zwei Jahren, erlitt sie dasselbe Schicksal wie ihre Schwester: auch sie starb bei der Geburt ihres ersten Kindes.

Zu jener Zeit war er zum zweiten Mal verheiratet, mit einer fast 25 Jahre jüngeren Frau. Auch sie erlebte mit ihm nicht nur glückliche Tage. Da war zum Beispiel die Zerstörung seines Hauses und der Verlust seiner umfangreichen Bibliothek und seiner Aufzeichnungen. Es kam die Krankheit, und – so schreibt sie selber – »es kam die Evakuierung ... wir treckten und verbrachten zehn Tage in einem einsamen Walddorf. Mein armer Mann, dessen Arthrose der Wirbelsäule sehr zugenommen hat, schrie oft vor Schmerzen, man konnte ihn kaum anfassen, diese Transporte waren ein Martyrium ...«

Er hat auch das durchgestanden, und trotz seines hohen Alters und seiner Krankheit hat er noch einmal ein Amt übernommen und jene Institution wieder aufgebaut, der er über viele Jahre angehört hatte und die heute seinen Namen trägt. Als er im Alter von 89 Jahren starb, schrieb sein alter Freund und einstiger Kollege: »Wie anders und besser stände es um die Menschheit, wenn mehr von seiner Eigenart unter den Führenden sein würden. So scheint es aber nicht sein zu können; die edlen Charaktere müssen in jeder Zeit und allenthalben isoliert bleiben, ohne das Treiben äußerlich beeinflussen zu können ...«

Wer war's?

14 *In junge Mädchen geradezu vernarrt*

Der Siebenundzwanzigjährige schrieb: »Ich habe hier gar keinen Menschen, dem ich mein Herz öffnen dürfte, werde auch in mancher Beziehung verkannt, was mir oft heimlich sehr schwer fällt.«

Das blieb die Grundsituation seines Lebens: verkannt zu sein und einsam. Der Vierzigjährige gestand einem Freund: »Was ich unter Melancholie verstand – ich drückte mich nur schlecht aus – es ist zum größten Teile nur Feindschaft gegen die Menschheit, deren Liebenswürdigkeit, Aufrichtigkeit und Treue gewiß auch ich bitter genug so oft empfinden mußte und noch empfinden muß.« Zu jener Zeit wäre er am liebsten ausgewandert: »Gehen wir nach Rußland und wo immer hin, wenn man uns im Vaterland nicht kennen will!«

Hinzu kam, daß er in seiner schlecht bezahlten Stellung als Lehrer auch noch Ärger hatte: »Zwei Mädchen . . . sollen durch mich gekränkt worden sein, ich soll eine im Zorne ›Urschl‹ genannt haben . . . Papa nahm die Mädchen aus der Schule und seitdem verfolgt man (respektive er) mich durch anonyme Anzeigen, daß ich die Mädchen bei der Hand schüttelte, daß ich gegen eine freundlicher sei, ja, daß ich sogar gefährlich wäre. Daß meine Freundlichkeit und Güte mißbraucht worden sein muß, steht außer allem Zweifel; sonst weiß ich mich nichts schuldig . . . Wenn man nun mit der einen ... nur freundlich spricht, so heißt es, in diese ist er verliebt, etc.«

Als er das schrieb, war er 47. Und er war noch immer allein. Zu gern hätte er eine Frau gehabt. Das aber hieß für ihn: ein junges Mädchen. Er scheint – so sagt es einer seiner Biographen – vom Gedanken an das junge Mädchen besessen gewesen zu sein. Neunmal hat er sich in junge Mädchen verliebt. Alle kannte er nur ganz flüchtig, manchmal nur vom Sehen. Dennoch machte er allen einen Heiratsantrag. Der Einundvierzigjährige schrieb der siebzehnjährigen Tochter eines Metzgers, die er schon fünf Jahre lang heimlich verehrte und deren Bruder er gut kannte:

»Sehr geehrtes, liebenswürdiges Fräulein! Nicht als ob ich mich mit einer Ihnen befremdenden Angelegenheit an Sie, verehrtes Fräulein, wenden würde, nein, in der Überzeugung, daß Ihnen längst mein zwar stilles, aber beständiges Harren auf Sie bekannt ist, ergreife ich die Feder, um Sie zu belästigen. Meine größte und innigste Bitte, die ich hiermit an Sie, Fräulein Josefine, zu richten wage, ist, Fräulein Josefine wollen mir gütigst offen und aufrichtig Ihre letzte und endgültige, aber auch ganz entscheidende Antwort schriftlich zu meiner künftigen Beruhigung mitteilen und zwar über die Frage: Darf ich auf Sie hoffen und bei Ihren lieben Eltern um Ihre Hand werben? Oder ist es Ihnen nicht möglich aus Mangel an persönlicher Zuneigung mit mir den ehelichen Schritt zu tun?

Fräulein sehen, daß diese Frage ganz entscheidend

ist. Das eine oder das andere bitte ich inständigst mir so bald als möglich ebenso entschieden, aber gewiß, ebenso entschieden, zu schreiben.

Bitte sagen Fräulein Josefine dies Ihren lieben Eltern, aber sonst niemanden (bitte das strengste Geheimnis bewahren zu wollen!) und wählen Sie einen aus den zwei vorgelegten Punkten der Frage im Einverständnis mit Ihren lieben Eltern ...«

Der Antrag wurde unter Hinweis auf den großen Altersunterschied abgewiesen. Alle seine Anträge wurden abgewiesen. Einmal jedoch schienen sich seine Wünsche zu erfüllen. Da war der Siebenundsechzigjährige krank geworden, und im Hotel hatte ein Stubenmädchen ihn gepflegt. Als er das Hotel zum erstenmal wieder verlassen konnte, kaufte er sogleich einen Ring, den das Mädchen auch annahm. Doch erfuhr er erst jetzt, daß die Neunzehnjährige anderer Konfession war und zu seiner nicht übertreten wollte. Sie schickte ihm schließlich den Ring zurück.

Nicht nur bei den Frauen hatte er kein Glück. Es dauerte lange, sehr lange, bis er mit seinem Werk wenigstens einigermaßen Anerkennung fand. Aber entmutigen ließ er sich trotz aller Anfeindungen nicht. Der Siebenundsechzigjährige sagte: »Bald nennen sie mich Narr, bald Meister. Die sollen schreien, soviel sie wollen! Wenn das, was ich schreibe, gut ist, wird es bleiben; wenn nicht, wird es zugrunde gehen.«

Wer war's?

15 *Am liebsten spielte er mit Puppen*

Ob es nun wirklich an der Erziehung lag – die Mutter war gestorben, als er drei Monate alt war, der Vater kümmerte sich nicht um ihn und starb, als der Junge im elften Lebensjahr stand, und der Erzieher, dem man ihn auslieferte, hat ihn geprügelt und gedemütigt –, fest steht, daß er feige, prahlerisch, tückisch war und in seiner Entwicklung zurückblieb, sowohl geistig als auch körperlich. Er war oft krank. Und er war impotent, was sich bei der Hochzeit herausstellte, die er – übrigens nicht aufgrund eigener Initiative – im Alter von 17 Jahren beging.

Das Mädchen war ein Dreivierteljahr jünger als er, und worum es in der Hochzeitsnacht eigentlich ging, wußte sie sowenig wie er. Als sie – so berichtete sie später – am Vorabend der Hochzeit ihre Mutter darüber befragte, habe die sie mit einem schroffen Verweis abgefertigt. Sicherlich glaubte die Mutter, der junge Mann werde Bescheid wissen. Aber noch nach Jahren kümmerte der sich nicht um seine Frau; zumindest hat sie später behauptet, die Ehe sei sieben Jahre nach dem Hochzeitstag noch immer nicht vollzogen gewesen. Nach weiteren zwei Jahren brachte sie einen Sohn zur Welt, von dem viele Leute glaubten, er sei von ihrem Mann.

Er jedoch, ihr Mann, wußte über das intime Verhältnis seiner Frau zu einem anderen. Es hat ihn nicht gestört. Was ihn aber zutiefst beunruhigte, war die Tatsache, daß seine Frau ihm gegenüber immer sicherer wurde, auch unabhängiger, daß sie ihm überlegen war. Während sie sich für alles mögliche interessierte und sehr viel las, spielte er mit »Puppen, die er bis zur Narrheit liebte«; so jedenfalls berichtet es seine Frau:

»Während des Tages verbarg man sie in und unter unserem Bett, und wenn wir beide zu Bette waren, spielte er damit, bis ein oder zwei Uhr morgens. Wohl oder übel mußte ich an diesen herrlichen Vergnügungen teilnehmen, oft lachte ich darüber, aber häufiger war es mir unangenehm und zuwider; das ganze Bett war von Puppen und Spielsachen, die bisweilen ziemlich plump waren, bedeckt und angefüllt. Am liebsten spielte er mit Wachssoldaten.«

Einmal kam seine Frau, als er gerade eine Ratte gefoltert und gehenkt hatte. Er habe die Ratte, erklärte er ihr, vor ein Kriegsgericht bringen müssen; sie sei für schuldig befunden worden, zwei seiner Wachssoldaten angefressen zu haben. Deshalb sei sie zum Tode durch den Strang verurteilt worden. Zu jener Zeit war er 25 Jahre alt.

Neun Jahre später traf er auf ähnlich selbstherrliche Weise eine Entscheidung, bei der es jedoch nicht nur um das Leben einer Ratte ging, sondern um die Existenz eines ganzen Staates. Seine Entscheidung hatte für Millionen Menschen weitreichende Folgen, man kann sagen für ganz Europa.

Es blieb seine einzige bedeutende Entscheidung (und sie entsprang einer im Grunde kindlichen Schwärmerei). Von da an entschied seine Frau, und ihre erste Entscheidung war, ihn für alle Zukunft auszuschalten. Da er keine verläßlichen Freunde hatte, gelang das ohne große Schwierigkeiten; er leistete keinen Widerstand, als er gefangen gesetzt wurde. Er bat nur, in sein Heimatland zurückkehren zu dürfen, an dem er immer noch hing, während er sich in jenem Land, wohin seine Tante ihn geholt hatte, fremd fühlte und kaum dessen Sprache sprach. Seine Frau wollte nicht, daß er in die Heimat zurückkehrte; er hätte dort eine Gefahr für sie sein können. Zwar war er auch als Gefangener eine Gefahr, aber dieses Problem erübrigte sich schon wenige Tage nach seiner Gefangennahme. Da wurde er – angeblich wegen eines von ihm provozierten Streits – von einem Offizier getötet. In Wahrheit war es Mord. Seine Frau ließ bekanntgeben, er sei an »seinen gewöhnlichen Hämorrhoidal-Anfällen erkrankt« und habe »an heftiger Kolik« gelitten, und obgleich man ihm sogleich »alles, was an ärztlicher Hilfe erforderlich war«, habe zuteil werden lassen, sei es »zu Unseres Herzens Betrübnis Gottes Wille gewesen, seinem Leben ein Ende zu setzen«.

Wer war's?

16 *In der dritten Ehe wurde sie glücklich*

Die Ehe gab ihr weniger als sie erwartet hatte. »Das Ganze hat einen Anflug von Schwermut«, schrieb sie. Und über die Liebe zu ihrem Mann, einem Arzt: »Meine Zärtlichkeit für ihn trägt nicht das Gepräge auflodernder Empfindungen.« Schlimmer waren die Enge, in der sie leben mußte, die Langeweile jener kleinen Provinzstadt. Nachdem sie drei Kinder geboren hatte (von denen nur das älteste, ein Mädchen, am Leben blieb), sah sie für ihr Leben keine Entwicklungsmöglichkeit mehr: »Die Liebe gibt mir nichts zu tun, als in leichten häuslichen Pflichten – ich erwarte nichts mehr von einer rosenfarbenen Zukunft – mein Los ist geworfen.«

Aber nach nur vierjähriger Ehe starb ihr Mann. Als – wie andere sagten – »kleine gottlose Frau«, als »kokette junge Witwe« ließ sie sich nun von vielen Männern umwerben und lebte nach der Devise: »Nichts verzeih ich mir weniger als nicht froh zu sein – auch kann der Augenblick niemals kommen, wo ich nicht eine Freude, die sich mir darbietet, herzlich genießen sollte.«

Ein solcher Augenblick, den sie voller Freude genoß, änderte ihr ganzes Leben. Die Neunundzwanzigjährige lernte einen zehn Jahre jüngeren Offizier einer feindlichen Besatzungsmacht kennen. Die Folgen dieses Verhältnisses: Festungshaft, ein uneheliches

Kind und schließlich das Verbot, sich in ihrer Geburtsstadt aufzuhalten. Die Freunde bürgerlicher Sittlichkeit verdammten sie als Vaterlandsverräterin und Sittenlose.

Es gab aber auch Leute – oder besser: Männer –, die sie nicht verdammten, sondern ihre Art zu leben als Protest verstanden und sie vor aller Welt verteidigten. Besonders zwei Brüder nahmen sich ihrer an, wobei sie sich beide in sie verliebten. Einen von ihnen heiratete sie. Und der andere schrieb ihm: »Welches Weib! – Du Glücklicher, Du wagst es noch zu klagen? – Was wollte ich mit einem solchen Glücke ertragen!«

Ihr brachte auch diese zweite Ehe kein Glück. Nach sechs Jahren ließ sie sich scheiden. Inzwischen hatte sie sich in einen sehr viel jüngeren Mann verliebt. Als sie ihn kennenlernte, war sie sechsunddreißig, er war vierundzwanzig. Damals schrieb sie: »Aber ungeachtet ich nicht sechs Minuten mit ihm zusammen bin ohne Zank, ist er doch weit und breit das Interessanteste, was ich kenne, und ich wollte, wir sähen ihn öfter und vertraulicher. Dann würde sich auch der Zank geben.«

Sie hatte recht. Der Zank gab sich, als sie ihn öfter sah und schließlich mit ihm ihre dritte Ehe einging. Diesmal wurde sie glücklich. Aber ihr waren nur noch wenige Jahre gegeben. Zwei Tage nach ihrem 46. Geburtstag ist sie auf einer Reise, die sie mit ihrem Mann machte, gestorben.

Wer war's?

17 *Man verkaufte ihm sein eigenes Pferd*

Als er die vielen Schildkröten sah, dachte er sofort an die entsprechende Suppe. Nicht, daß er ein Gourmet gewesen wäre, ihn interessierte einfach der mögliche finanzielle Erlös, und er begriff nicht, daß man die Tiere leben ließ. Er war es gewöhnt, immer und überall kaufmännisch zu denken.

»Man tötet die Schildkröten hier nicht«, schrieb er in sein Tagebuch, »und infolgedessen sind sie in ungeheurer Anzahl vorhanden. Man trifft bei jedem Schritt Landschildkröten, und jeder Fluß, Bach oder Teich wimmelt von Wasserschildkröten. Ich begreife wahrlich nicht, warum man diese Tiere nicht nach Frankreich ausführt, wo sie für eine ausgesuchte Speise gehalten und teuer bezahlt werden. Mein Führer sagte mir, er sei überzeugt, zehn Arbeiter könnten in kurzer Zeit hunderttausend Schildkröten auflesen.«

Vielleicht hätte er selber das Geschäft gemacht, wenn er nicht seinem Lebensziel, das er sich schon als Junge gesteckt hatte, so nahe gesehen hätte. Bis dahin hatte er mit allem Möglichen gehandelt, zuletzt mit Goldstaub der Goldgräber von Sakramento. Dort hatte er eine Bank eröffnet und dabei gut verdient. Was heißt gut: Million nach Million hatte er auf die Seite gelegt. Und das nicht in inflationären Zeiten. Nahezu in der ganzen Welt hatte er Handel getrieben. Ohne fremde Hilfe, ohne Erbe war er nach oben gekommen.

Eines Tages jedoch, als er alle seine geschäftlichen Unternehmen verkauft hatte und nur noch seinem Jugendtraum nachjagte, wurde auch er übers Ohr gehauen. Zwar ging es dabei nur um eine geringe Summe, doch nahm er den Vorfall wichtig genug, ihn in seinem Tagebuch ausführlich zu schildern:

»Mein Pferd«, schrieb er, »war dermaßen ermüdet, daß ich nur mit Mühe gegen neun Uhr abends zum Dorf Ugik gelangte ... Ich suchte für den Morgen des folgenden Tages zwei Pferde, aber alle meine Bemühungen waren vergeblich. Endlich stellte sich mir ein Mann namens Topal vor und sagte, er hätte für mich zwei gute Pferde gefunden, man fordere aber 50 Piaster, und er selbst beanspruche im voraus ein Trinkgeld von zehn Piastern. Da meine Geduld zu Ende war, so nahm ich das Anerbieten an und bezahlte die zehn Piaster. Ich legte mich auf der Straße vor einem Hause nieder, war aber kaum eingeschlafen, als derselbe Mensch zurückkam und auch die 50 Piaster im voraus verlangte, da ich sonst am folgenden Tage die Pferde nicht bekommen könnte. Da ich mir nicht anders helfen konnte, so bezahlte ich die 50 Piaster und schlief wieder ein. Halb zwei Uhr früh kam er wieder, weckte mich und sagte, die beiden Pferde ständen auf einem benachbarten Hofe bereit und lud mich ein, ihm zu folgen. Er führte mich in einen Hof, wo ich allerdings einen Menschen und ein Pferd fand. Auf meine Frage, wo das andere Pferd wäre, antwortete er mir: auf dem benachbarten Hofe, und verschwand.

Der andere Mann band meine Reisetasche an das Pferd, und da erkannte ich trotz der Dunkelheit, daß dies ... die nämliche, elende Rosinante war, die mir seit mehreren Tagen soviel Verdruß bereitet hatte ...«

Daß man ihn reingelegt hatte, wollte er nicht so einfach hinnehmen. Deswegen ging er die Nacht hindurch bis zum zuständigen Richter, dem er eine von ihm selbst aufgesetzte Klageschrift gegen den Betrüger Topal überreichte. Er hatte sie in der Landessprache geschrieben, die er einige Jahre zuvor erlernt hatte. Er war ein Sprachgenie. Zu jener Zeit beherrschte er außer seiner Muttersprache dreizehn Sprachen, und zwar Englisch, Französisch, Niederländisch, Spanisch, Portugiesisch, Italienisch, Russisch, Schwedisch, Polnisch, Neugriechisch, Arabisch und von den alten Latein und Griechisch.

Altgriechisch hatte er absichtlich als letzte Sprache gelernt. Es hing mit seinem Jugendtraum zusammen, den er erst realisieren wollte und konnte, nachdem er die finanziellen Voraussetzungen geschaffen hatte. Im Alter von 44 Jahren hatte er ein Universitätsstudium begonnen, das er mit einer Doktorprüfung abschloß. Sein Jugendtraum erfüllte sich ihm einige Jahre später, und ein Hohepunkt war dabei die Entdeckung eines Schatzes von unermeßlichem Wert. Darüber schrieb er:

»Um den Schatz der Habsucht meiner Arbeiter zu entziehen und ihn für die Wissenschaft zu retten, war die allergrößte Eile nötig ... Während meine Arbeiter ausruhten, schnitt ich den Schatz mit einem großen Messer heraus, was nicht ohne die allergrößte Kraftanstrengung und die furchtbarste Lebensgefahr möglich war, denn die große Festungsmauer, die ich zu untergraben hatte, drohte jeden Augenblick auf mich einzustürzen. Aber der Anblick so vieler Gegenstände ... machte mich tollkühn, und ich dachte an keine Gefahr. – Die Fortschaffung des Schatzes wäre mir nicht möglich geworden ohne die Hilfe meiner lieben Frau, die immer bereit stand, die von mir herausgeschnittenen Gegenstände in ihren Schal zu packen und fortzutragen ...«

Alles konnte er aber doch nicht vor den Arbeitern verbergen. An einer anderen Stelle, wo es um Gegenstände aus Gold ging, war ihm einer zuvorgekommen, und jener Mann – so schrieb er – hatte Zeit gefunden, die gestohlenen Schmuckstücke von einem Goldschmied »umschmelzen und daraus Schmucksachen nach der jetzigen Mode verfertigen zu lassen«.

Im übrigen brachte ihm die Entdeckung des Schatzes nicht nur Ruhm, sondern auch einen langwierigen und ärgerlichen Prozeß ein.

Wer war's?

18 *Handelte mit Uhren und Damenstrümpfen*

»Sie irren sich«, schrieb er einem Freund, »ich habe vier Füße und nicht nur zwei.« Mit Füßen meinte er vier große Besitzungen, die er nacheinander gekauft hatte, den einen vor allem deswegen, weil er damit zugleich einen Adelstitel erwarb. Alles in allem besaß der Mittsechziger zwanzig Herrschaften mit etwa 1200 Untertanen. »Ich habe mir ... ein hübsches Königreich geschaffen«, meinte er. »Ich verbinde mit der Freude, ein schön gebautes Schloß zu besitzen und ganz besondere Gärten angelegt zu haben, das solide Vergnügen, dem Land, das ich zu meinem Alterswohnsitz gewählt habe, nützlich zu sein.« Und er ließ 20 000 Bäume pflanzen und Sümpfe trockenlegen.

Auch Industrie siedelte er in seinem »kleinen Königreich« an. Er gründete eine Uhrenfabrik und holte sich entsprechend ausgebildete Facharbeiter. Die Werbung für seine Uhren, von denen er rühmte, sie zeigten die Stunde der Zukunft an, übernahm er selbst, wobei er seine guten Beziehungen in ganz Europa auszunutzen verstand. Das galt nicht minder für die Erzeugnisse aus seiner Seidenraupenzucht. Er ließ Seide spinnen, aus der Damenstrümpfe gewirkt wurden. Ob seine Strümpfe so gut waren wie seine Werbebriefe, ist heute nicht mehr nachprüfbar. Da hieß es zum Beispiel:

»Es sind meine Seidenwürmer, die mir das Material zu diesen Strümpfen hergestellt haben, die in diesem

Lande gemacht worden sind. Geruhen Sie, Madame, sie anzunehmen, und zeigen Sie Ihre Beine dann, wem sie wollen, und wenn man nicht zugibt, daß meine Seide schön ist und stärker als die der Provence und Italiens, so gebe ich mein Handwerk auf. Überlassen Sie sie anschließend einer Ihrer Frauen, sie werden ein Jahr lang halten.«

Das ganz große Geschäft wurden die Seidenstrümpfe nicht. Aber der Uhrenhandel ließ sich recht gut an, weil er es verstand, die Uhren an den Mann zu bringen oder – wie in diesem Fall – an die Frau, und zwar gleich in großen Mengen: »Ich erfahre soeben«, schrieb er da einer der berühmtesten und mächtigsten Frauen seiner Zeit etwas scheinheilig, »daß meine Kolonie noch eine große Kiste Uhren hat abgehen lassen. Ich habe die armen Handwerker sehr gescholten; sie haben Ihre Güte mißbraucht; sie sind in ihrem Übereifer zu weit gegangen . . .«, insofern nämlich, als gut doppelt so viel Uhren geschickt worden waren wie angekündigt. Dies angeblich ohne sein Wissen. Er schlug deshalb vor, die beträchtliche Summe für die Lieferung in Raten zu zahlen.

Als er starb, im Alter von 83 Jahren, hinterließ er ein Vermögen, das nach heutigem Wert mehreren Millionen entsprach. Aber nicht als erfolgreicher Kaufmann wurde er berühmt und unsterblich, sondern als Publizist.

Wer war's?

19 *Noch mehr Kinder wollte sie nicht*

Sie war 23 Jahre alt, als sie den Mann kennenlernte, der über ihr ganzes Leben entscheiden sollte. Und es sah ganz so aus, als sei es für sie die Wende zum Guten. Schon früh hatte sie ihr Elternhaus verlassen; auf sich allein gestellt, schlug sie sich im Ausland ziemlich mühsam durch, indem sie Sprachunterricht gab.

Das hatte nun ein Ende. Denn der Mann, den sie kennenlernte und den sie schon bald heiratete, konnte ihr ein angenehmeres Leben bieten. Zwar war er kein Krösus, aber obgleich er (er war zwei Jahre älter als sie) noch nicht lange seinen damaligen Beruf ausübte – zuvor war er zur See gefahren, sechs Jahre lang –, verdiente er doch recht gut. Und in den folgenden Jahren verdiente er immer besser, ja man muß sagen, er machte große Gewinne, so daß sie sogar ziemlich aufwendig leben konnten. Allerdings hieß das nicht, daß sie viel ausgegangen wären oder ein großes Haus führten. Er machte sich nichts aus dem gesellschaftlichen Leben. Er war ein Einzelgänger.

Sie indessen hätte etwas mehr geselligen Kontakt schon ganz gern gehabt, aber andererseits war sie mit dem Haushalt und der Erziehung der Kinder ziemlich ausgelastet. Das erste Kind, ein Sohn, kam zehn Monate nach der Hochzeit, das zweite, eine Tochter, drei Jahre später, das dritte und vierte folgten in kürzeren Abständen. Und im zehnten Jahr ihrer Ehe kam das fünfte Kind. Zu jener Zeit war die Ehe aber nicht mehr glücklich. Es war nämlich zu einer entscheidenden Änderung in ihrem Leben gekommen, die ganz allein von ihm aus erfolgt war und die sie völlig überrascht und in eine ganz neue Situation gestellt hatte.

Es ging dabei um ein Hobby ihres Mannes, für das er, seit sie ihn kannte, viel Zeit und allmählich auch immer mehr Geld geopfert hatte. Ihr war das nicht entgangen, aber es hatte sie nicht sonderlich berührt, solange es eine Art Hobby blieb. Ganz anders war jedoch die Situation, als der Fünfunddreißigjährige plötzlich erklärte, von nun an seinen einträglichen Beruf nicht mehr ausüben, sondern nur noch seinem Hobby leben zu wollen. Zwar glaubte er, bald davon leben zu können, doch war diese Möglichkeit, objektiv gesehen, im höchsten Maße aussichtslos.

Und so ist es denn nicht verwunderlich, daß sie ihren Mann, der nach ihrer Ansicht ihr Leben und das ihrer Kinder für eine ganz närrische Sache aufs Spiel setzte, für übergeschnappt hielt. Immerhin war sie bereit, auch dieses neue Leben mit ihm gemeinsam zu versuchen. Er hatte Geld gespart, von dem sie in der Übergangszeit leben konnten. Sie nahmen sofort eine kleinere Wohnung, nicht mehr in der Hauptstadt wie bis dahin, sondern in der Provinz. Aber nach knapp zwei Jahren war das Geld nahezu verbraucht. Er hatte also die Schwierigkeiten der Umstellung bei weitem unterschätzt.

Da er in seinen alten Beruf nicht zurückwollte, vielmehr den eingeschlagenen Weg noch immer für den richtigen hielt, sah sie keine andere Möglichkeit, als mit ihren fünf Kindern und ihrem Mann bei ihren Eltern unterzukommen. Aber die Familie seiner Frau brachte für ihn keinerlei Verständnis auf, sondern machte ihm das Leben unerträglich. Da entschloß er sich zur Trennung – nicht zur Scheidung – von seiner Familie. Er hoffte und er hat immer gehofft, obgleich es ihm in den folgenden Jahren ständig schlechter ging, die Trennung werde nur vorübergehend sein, weil er irgendwann wieder genug Geld verdienen werde, um seine Familie ernähren zu können. Aber die Trennung blieb endgültig.

Kurz bevor er Frau und Kinder verließ – den jüngsten Sohn nahm er vorübergehend mit –, schrieb er einem Freund: »Seit sechs Monaten schon rede ich mit keinem Menschen. Ich lebe ganz für mich. Die Familie sieht in mir ein Ungeheuer, weil ich kein Geld verdiene. Heutzutage hat man nur vor dem Achtung, der Erfolg hat . . .« Und von seiner Frau sagte er, sie sei »ganz verbittert. Hier, wo sich alle Leute kennen, fühlt sie sich in ihrer Eitelkeit getroffen, und ich muß alle Vorwürfe einstecken . . .«

Später, als er fort war, hat er ihr häufig Vorwürfe gemacht, weil sie es besser habe als er, weil sie ein Dach über dem Kopf habe, ein Zuhause. Und dazu die Kinder. Seltsamerweise hat er nie eingesehen, daß auch sie – ähnlich wie er – gleichsam nur noch ein halbes

Leben lebte, gemessen an jenem, das er ihr versprochen hatte.

Obgleich beide bis zu seinem traurigen Ende – er starb im Alter von knapp 55 Jahren – immer noch aneinander hingen, war ihnen eine Basis für gegenseitiges Verstehen nicht gegeben. Sie blieb bei ihrem Standpunkt: »Bei ihm ist alle Hoffnung verloren. Er wird immer nur an sich und an sein Wohlergehen denken.« Er blieb bei seiner Meinung, die von den meisten seiner Biographen übernommen wurde, daß sie nicht bereit gewesen sei, Opfer zu bringen.

Lange nach seinem Tode gab sie zu, daß die Entscheidung ihres Mannes, was die Sache anging, doch wohl richtig gewesen sei. Doch fügte sie hinzu: »Aber niemand wird sich wohl darüber wundern, daß ich nicht bei ihm blieb, um ihm in einem Leben, das mir ein hoffnungsloses, irrsinniges Abenteuer erschien, noch mehr Kinder zu gebären.«

Wer war's?

20 *Wachsende Sorgen um Frau und Kinder*

Schon der Dreiunddreißigjährige scheint sein Leben verlöschen gefühlt zu haben; er tröstete sich damit, daß seine Frau ein Kind erwartete: »Es ist mir«, schrieb er einem Freund, »als wenn ich die auslöschende Fackel meines Lebens in einem andern wieder angezündet sähe, und ich bin ausgesöhnt mit dem Schicksal.«

Doch der Gedanke, in einem Kind fortzuleben, konnte ihn nicht immer vor Depressionen bewahren. Einige Monate später schrieb er: »Bei meiner hinfälligen Gesundheit muß ich alle Erweckungsmittel zur Tätigkeit aus mir selbst nehmen und anstatt einige Nachhilfe von außen zu empfangen, muß ich vielmehr mit aller Macht dem widrigen Eindruck entgegenstreben, den der Umgang mit heterogenen Menschen auf mich macht.«

Noch hatte er sich nicht erholt von einer schweren Lungenentzündung, die durch eine Rippenfelleiterung kompliziert worden war und ihn fast das Leben gekostet hatte. Geblieben war das Gefühl, nicht mehr viel Zeit zu haben. Zugleich und mehr noch beunruhigte ihn die Vorstellung, seine Arbeiten könnten weniger bedeutend sein, als er es hoffte. Deswegen schrieb er dem Freund:

»Bei dieser Dürre um mich her wäre mir so wohltätig gewesen, eine Aufmunterung von Dir zu erhalten, und bei der Meinung, die ich von Dir habe, konnte ich mir Dein Stillschweigen oder Deine Kälte nur zu meinem Nachteil erklären. Ich brauchte aber wahrhaftig eher Ermunterung als Niederschlagung, denn zu großes Vertrauen auf mich selbst ist nie mein Fehler gewesen.«

Wenig später fand er Aufmunterung und Anerkennung, auch neue Freundschaften. Ihm blieb noch ein gutes Jahrzehnt, in dem er trotz seines sich nur zeitweise bessernden Gesundheitszustandes hart und erfolgreich arbeitete. Auch finanziell ging es ihm nun endlich besser. Der Neununddreißigjährige konnte mit seiner Familie sogar in ein eigenes Haus einziehen. »Ich begrüße Sie aus meinem Garten, in den ich heute eingezogen bin«, schrieb er einem anderen Freund. »Eine schöne Landschaft umgibt mich, die Sonne geht freundlich unter, und die Nachtigallen schlagen. Alles um mich herum erheitert mich . . .«

Mehr und mehr sorgte er sich jedoch um die Zukunft seiner Frau und der Kinder. Als seine Frau das vierte Kind erwartete, stellte er immer wieder finanzielle Berechnungen bis zu seinem fünfzigsten Geburtstag an; das Haus war noch nicht abbezahlt, und wenn seine Einnahmen in den letzten Jahren zwar gestiegen waren, so doch auch die notwendigen Ausgaben. »Wenn nur Leben und leidliche Gesundheit bis zum fünfzigsten Jahr aushält«, schrieb er. Aber seinen fünfzigsten Geburtstag hat er nicht mehr erlebt.

Wer war's?

21 *Man sieht vom Galgen die Welt anders an*

Es fehlte ihm – schreibt einer seiner Biographen - an den für seine Zunft erforderlichen (jedenfalls heute erforderlichen oder geforderten) chaotischen Eigenschaften, an Zerrissenheit, Desperation und Obszönität; bei ihm sei alles Harmonie gewesen, Harmonie mit der Weltordnung, Harmonie mit Gott. Allerdings nicht auch immer Harmonie mit der Umwelt, nein, nur allzu vieles schien auch ihm sinnlos geworden, und so wollte er denn die Welt auf den Kopf stellen, sie durch groteske Komik entspannen.

»Weder Eltern noch Lehrer noch irgendwer hat mich je kraftvoll an die Hand genommen und in großem Sinn erzogen«, sagte er. Die Mutter starb, als er neun Jahre alt war, der Vater, mit dem er sich nie besonders gut verstand, gab ihn kurz danach zu einem Verwandten, dann in ein Internat. Nachdem der Vater wieder geheiratet hatte, kam der Junge zurück nach Haus. Als Gymnasiast schrieb er in sein Tagebuch: »Ich bin müde geworden, habe einsehen gelernt, daß auf dieser Welt für mich nicht mehr viel zu holen sein möchte . . .«

Den Achtzehnjährigen schickte der Vater auf eine Militärschule. Aber nach nur sechs Monaten wurde das aufgegeben; der Offiziersberuf war nichts für ihn. Er ging auf die Schule zurück, und nach dem Abitur ließ er sich als Jurastudent einschreiben – mit welchem

Ziel, das wußte er nicht, und er notierte: »Der kommt oft am weitesten, der nicht weiß, wohin er geht.«

Vielleicht war es gut, daß er sich diesen angeblich von Oliver Cromwell stammenden Wahlspruch wählte, noch bevor er wußte, daß es um seine Gesundheit schlecht bestellt war, so schlecht, daß er nicht länger studieren konnte. Fünf Monate lang mußte er liegen. Und die zweite Hälfte seines Lebens – er wurde nur 42 Jahre alt – bestand zu einem beträchtlichen Teil aus Liegekuren.

Obgleich es ihm auch finanziell nie sehr gut ging, verzweifelte er nicht, sondern nahm die Situation mit Humor. Ärztlicherseits war ihm größte Vorsicht angeraten worden, und er schrieb: »Sonst muß ich mich nur noch vor Erhitzung, Zug, kalter Nachtluft, Blitzschlag, Hagel, Erdbeben, Belagerungsnöten, Kellerluft, Bädern im Bismarckspringbrunnen, Gedichtehersagen auf dem Marktplatz, großem Geldaufwand, Mangel an Tinte und dergleichen ernstlich hüten.«

Vielleicht war auch ein wenig Galgenhumor dabei. Zeitweise fühlte er sich wirklich wie einer, der schon am Galgen hing. Und da meinte er: »Man sieht vom Galgen die Welt anders an, und man sieht andere Dinge als Andre.«

Daß er viele Dinge anders sah als andere, ließ ihn verhältnismäßig rasch Beachtung und auch Anerkennung finden. Der Siebenunddreißigjährige begegnete jener Frau, die seinem »Typus Weib« entsprach: »Was will ich denn! Einen Kameraden, eine freie Seele, einen anmutigen Körper.« Zwar mischte sein Vater sich ein: »Ich kann ... eine unter solchen Voraussetzungen einzugehende Ehe nicht billigen, die auch nach der Ansicht jedes vernünftig Denkenden ein Wolkenkuckucksheim werden wird ...« Und auch die Mutter der jungen Frau war nicht einverstanden und machte Scherereien nach dem Motto – wie er selbst sagte – »wer er sei und wie und wo, wieviel Geld er hat und was er glaubt«. Sie heirateten trotzdem (er war inzwischen fast 40), und es wurde eine glückliche Ehe, allerdings nur kurz und überschattet von seiner sich verschlimmernden Krankheit.

Auf Sizilien sollte er sich erholen, in Taormina, aber die Sonne bekam ihm nicht. Er mußte nach Rom in ein Krankenhaus, danach für Monate in ein Sanatorium. Und noch mehrmals mußte er seine Arbeiten durch Sanatoriumsaufenthalte unterbrechen, wobei er keineswegs immer die nötige Ruhe fand. Einmal, in Davos, brachte ihn »Die lustige Witwe« fast zur Verzweiflung, die im Nebenzimmer wieder und wieder auf einem Grammophon gespielt wurde.

Und dann kam die Zeit, da die Sanatorien ihn nicht mehr aufnahmen (weil sie einen Todeskandidaten nicht wollten) oder ihn nach kurzer Zeit entließen. Seine Frau pflegte ihn, bis er eines Morgens ganz ruhig starb.

Wer war's?

22 *»Bettina färbt ihr Haar nicht mehr«*

Als Zwanzigjähriger kam er zum erstenmal nach Berlin, zum Studium und um sich – wie er sagte – in die »deutsche Flut zu stürzen« und sich darin »zu reinigen und umzuschaffen«. Auch daheim hatte er schon studiert, wobei ihn jedoch die Jagd auf Ratten häufig abgelenkt zu haben scheint:

»Bald las ich Hegel und studierte Philosophie, bald amüsierte ich mich mit meinem Mentor, einen Hund zu dressieren und gegen Ratten abzurichten. Sobald ich erfuhr, daß es irgendwo Ratten gab, warf ich Hegel und die ganze Philosophie beiseite und begab mich auf Rattenjagd.«

Drei Jahre blieb er in Berlin. Wieder daheim, bestand er die philosophische Magisterprüfung. Aber es gelang ihm nicht, einen Lehrstuhl zu bekommen; Lehrstühle für Philosophie waren an den Universitäten seines Landes inzwischen von der Regierung aufgehoben worden, die darin gefährliche Keimzellen für revolutionäre Ideen sah. Statt der Philosophie Hegels (und den Ratten) wandte er sich nun stärker und bald endgültig der Literatur zu. Nach ein paar Jahren ging er wieder ins Ausland, auch wieder nach Berlin. Von dort schrieb er seinen Freunden:

»Ich soll Neuigkeiten aus Berlin melden. Was kann man aber von einer Stadt erzählen, wo die Leute um 6 Uhr morgens aufstehen, um zwei zu Mittag essen und lange vor den Hühnern zu Bette gehen? Wo um 10 Uhr abends nur noch bierschwere Nachtwächter melancholisch durch die leeren Straßen schleichen, höchstens mal ein radaulustiger, angesäuselter Bürger vom Tiergarten her heimwärts wandelt und am Brandenburger Tor gewissenhaft seine Zigarre auslöscht, in stummer Ehrfurcht vor dem Gesetz!«

Berlin, meinte er, sei noch immer keine wirkliche Residenz. Zumindest sehe man dort nicht die Spur großstädtischen Lebens. Aber er gab zu: »Und doch fühlt man sich nach kurzem Aufenthalt hier in einem Zentrum, in einem Brennpunkt des europäischen Lebens.«

Dort, wo er auf die Welt gekommen war (fast 53 Zentimeter lang, wie seine Mutter in ihr Tagebuch geschrieben hatte), konnte von europäischem Leben noch kaum die Rede sein. »Ich verbrachte meine Jugendjahre in einer Atmosphäre, wo Faustschläge, Tritte, Prügel, Ohrfeigen und so weiter an der Tagesordnung waren ... Selbst ich wurde für jede Kleinigkeit fast alltäglich verdroschen.«

Das lag nicht etwa an seinem Vater, der im Rang eines Obersten aus der Armee ausgetreten war, auch nicht an seiner Mutter (obgleich er sie einmal eine grausam-herrische Seelenbesitzerin nannte), es lag am gesellschaftlichen System. Und dieses System hat er sein Leben lang gehaßt und bekämpft. – Was ihn bei seinem zweiten Aufenthalt in Berlin enttäuschte, war die Entwicklung an der Universität. Alles war inzwischen anders geworden, andere Lehrer waren gekommen, andere Richtungen hatten sich durchgesetzt, »Bettina färbt ihr Haar nicht mehr«, schrieb er und meinte: »Die literarische, theoretische, philosophische, phantastische Sprache des deutschen Lebens ist anscheinend zu Ende.«

Auch von der Kunst berichtete er in seinem Berliner Brief (»Tod, Kälte, Tod . . ., weil sie sich alle fast nur dem Entwerfen und Ausschmücken von Mausoleen, Grabmonumenten und anderen Denkmälern widmen . . .«) und von dem umgebauten Theater (»sehr reich, sogar allzu reich ausgestattet«). Sein Fazit:

»Ich fand in Berlin eine große, in der Tiefe wirkende Veränderung, die dem oberflächlichen Beobachter entgeht; es ist so, als erwarte man irgend etwas, alles schaut gespannt in die nächste Zukunft. Aber in den Bierlokalen – so heißen die Stuben, in denen man dieses abscheuliche, ekelhafte Gesöff trinkt – sitzen noch dieselben Gestalten wie früher; die Droschkenkutscher tragen immer noch ihre naturwidrigen Hüte, die Offiziere sind noch genauso blond und lang und sprechen das R noch ebenso nachlässig aus. Also anscheinend ist alles noch beim alten.«

Fast genau ein Jahr, nachdem er dies geschrieben hatte, kam es in Berlin zur Revolution. Als auch in seinem Land eine Revolution das von ihm gehaßte System endgültig beseitigte (und allerdings durch ein neues ersetzte), war er schon 34 Jahre tot.

Wer war's?

23 *Für die Freiheit, nicht für ein Schauspiel*

Es ist überliefert, daß er »großgesinnt, freundlich, intelligent« war. Daß er überhaupt war, also existiert hat, ein Mensch von Fleisch und Blut, wissen selbst viele von denen nicht, die seinen Namen heute ständig im Munde führen. Sein Name, der so gut wie jedem geläufig ist, steht allerdings längst für etwas anderes als nur für seinen einstigen Träger.

Der Mann, der diesen Namen, der noch heute Emotionen auslöst, berühmt machte, stammte vom Balkan. Er war sehr kräftig, und dies vor allem sollte für seinen Lebensweg entscheidend werden. Zunächst einmal mußte er deswegen Soldat werden. Genauer: er wurde Angehöriger einer Hilfstruppe. Und als solcher mußte er an einem Feldzug teilnehmen. Doch bei der ersten Gelegenheit desertierte er, indem er zum Gegner überlief; er hoffte, auf diese Weise seine Freiheit wiederzugewinnen.

Aber dann wurde er von jenen gefangen, denen er entlaufen war, und so verlor er seine Freiheit aufs neue. Ja, jetzt war er noch unfreier als zuvor. Denn nach dem Recht seiner Zeit galten Gefangene als Sklaven, mit denen der Sieger machen konnte, was er wollte. Er wurde einfach verkauft.

Auf diese Weise kam er in das Land jener, die ihn gefangengenommen hatten. Dabei entschied wieder seine körperliche Konstitution über sein Schicksal: Er kam in eine Art Sportkampfschule. Dort war er nun – wie früher als Hilfssoldat – wieder kaserniert und unfrei. Allerdings war die Behandlung gut. Denn weil er in Wettkämpfen etwas einbringen sollte, das heißt, daß sein Besitzer durch ihn Geld gewinnen wollte, wurde er in allem gut versorgt. Er und seine Kameraden erhielten eine besonders ausgetüftelte Ernährung, eine Diät, die ihre Körperkräfte noch steigern sollte, sie wurden ärztlich überwacht, wurden massiert und ständig trainiert, um das leisten zu können, wozu man sie bestimmt hatte. Was er und viele andere aber eines Tages nicht mehr ertragen wollten, war die totale Unfreiheit, in der sie leben und mit Sicherheit auch sterben mußten.

Er vor allem verabscheute das Unternehmen, zu dem er gezwungen wurde, und er sagte: »Das Leben setze man für die Freiheit ein, nicht für ein Schauspiel!« Zu jener Zeit hatte er sich mit Gewalt befreit; zusammen mit 73 anderen seiner Schule war er ausgebrochen. Doch war dies erst der Anfang seines Kampfes um Freiheit.

Etwa zwei Jahre führte er den Kampf. Immer mehr, denen es ebenfalls um die Freiheit ging, schlossen sich ihm an. Bald standen an die vierzigtausend Mann unter seiner Führung. Nach und nach hat er sie alle bewaffnet, teils mit erbeuteten Waffen, teils mit solchen, die er seine Leute selbst herstellen ließ. Das große Problem war, die vielen ihm zugelaufenen Männer zum militärischen Kampf auszubilden, und ein noch größeres war es, ihnen Disziplin beizubringen und zu verhindern, daß sie zu Räubern und Plünderern wurden.

Er wurde mit diesen und anderen Schwierigkeiten fertig. Und mit seinen Leuten siegte er sogar mehrmals über starke militärische Verbände, die man gegen ihn eingesetzt hatte. Ein Weltreich hielt er in Atem, und lange Zeit wagte niemand, ihn anzugreifen. Man hatte Respekt vor ihm und seinem Können. Selbst Gegner nannten ihn gerecht und heldenmütig.

Mit großem militärischem Aufwand wurde er schließlich doch besiegt. Oder genauer: nachdem er im Kampf gefallen war, fiel seine Truppe auseinander. Dennoch hatte der von ihm begonnene Freiheitskampf für die Unterdrückten jenes Landes eine Reihe positiver Folgen. Und er selber und mehr noch sein Name wurden zu einem Symbol. Dichter verherrlichten ihn in Dramen und Romanen, Bildhauer schlugen ihn in Stein, Freiheitskämpfer aller Zeiten beriefen sich auf ihn. Und noch heute geht sein Name um, von den einen gerühmt, von anderen gehaßt und für viele ein Bild des Schreckens.

Wer war's?

24 *Geldausgeben war sein liebstes*

In seiner Familie galt er als dumm, undiszipliniert und verantwortungslos. Er selber hielt sich nach einer acht Monate langen Seefahrt, die er als Achtzehnjähriger machte, für eine Autorität in Schiffahrts- und Flottenangelegenheiten. Als er jedoch seinen älteren Bruder über solche Fragen belehren wollte, schickte der ihn ein zweites Mal auf Fahrt, und zwar nach Westindien.

Dort lernte der Seefahrer die Tochter eines der reichsten Amerikaner kennen und verheiratete sich mit ihr. Der Heiratsvertrag enthielt die Klausel, daß die Frau, »falls die Ehe, gleichgültig von welcher Seite, annulliert würde, Anspruch auf ein Drittel des Vermögens ihres künftigen Gatten« habe. Er hat das bedenkenlos unterschrieben, nicht nur, weil er zu jener Zeit noch kein Vermögen besaß, sondern weil er in Geldangelegenheiten immer bedenkenlos war.

Schon sehr bald sollte jene Klausel zum Zuge kommen. Sein Bruder wollte nämlich jene Ehe nicht anerkennen, und er erreichte es, daß sie gerichtlich annulliert wurde. Wenig später heiratete er zum zweitenmal.

Inzwischen war er nicht mehr nur Seefahrer und hatte – dank seines Bruders – sogar die finanziell einträgliche Stellung eines Konteradmirals gegen eine noch weit einträglichere eingetauscht, seine hohen Einnahmen jedoch wurden von seinen Ausgaben um ein Vielfaches übertroffen. Geldausgeben war nun einmal sein liebstes – er gab es aus für Schmuck und Diamanten, für Kleidung – er galt als kostspieligst gekleideter Mann Europas – und für seine vielen Freundinnen, von denen einige ihn an Verschwendungssucht noch übertrafen.

Seine Stellung brachte ihn manchmal auch in weniger angenehme Situationen. Einmal zum Beispiel sah er sich veranlaßt, an einem Feldzug teilzunehmen. Gründlich bereitete er sich darauf vor. Zu seiner Kriegsausrüstung gehörte eine Garderobe, die sieben Wagen füllte. Unter anderem nahm er mit: sechzig Paar Schuhe, zweihundert Hemden, mehr als dreihundert seidene Taschentücher, Bettzeug, mehrere Kisten Kölnischwasser. Weitere Wagen waren notwendig für Möbel und Tafelgeschirr. Und außer Köchen, Dienern, Sekretären, einem Arzt nahm er auch eine seiner Freundinnen mit; seine Frau ließ er daheim, nachdem er ihr zum Abschied sehr wertvolle Diamantohrringe geschenkt hatte. So zog er gen Osten.

Kaum wieder daheim, gab er weiterhin Unsummen für seine Liebhabereien aus und machte immer noch Schulden. Auch dann noch, als er seine einträgliche Stellung längst verloren hatte. Er fand – über alle politischen Wirren hinweg – immer wieder irgendeinen Titel, der zwar nie mit Arbeit, wohl aber mit Einkünften verbunden war. Er starb im Alter von 75 Jahren nach einem Schlaganfall.

Wer war's?

25 *Sogar Latein brachte er sich selber bei*

Zu allen Zeiten seines Lebens war er von sicherem Selbstbewußtsein. Als dem noch nicht Siebenundzwanzigjährigen von einem regierenden Fürsten eine Stellung angeboten wurde (bei freier Wohnung mit Kost und einem ansehnlichen Jahresgehalt), stimmte er nur unter Vorbehalt zu. In seinem Antwortbrief hieß es:

»Sie kennen mein Naturrecht, das nicht darin besteht, so viel Geld wie möglich anzuhäufen, noch mich den üblichen Vergnügungen hinzugeben, sondern meinen Geist zufriedenzustellen, indem ich etwas Greifbares und Nützliches für das allgemeine Wohl leiste ...« Vor allem stellte er klar, daß er nicht gewohnt sei, sich »gewissen politischen Launen einiger großer Herren zu unterwerfen«, es vielmehr »vorziehe, von all jenen Angelegenheiten ferngehalten zu werden, statt in beständiger Unruhe zu leben«. Und nachdem er noch seiner Überzeugung Ausdruck gegeben hatte, durch seine »Tatkraft nicht gänzlich unnütze Dienste leisten zu können«, gestand er zum Schluß, daß er »einen Fehler habe, der in der Welt als schwerwiegend gilt: nämlich häufig gegen das Zeremoniell zu verstoßen, und bei der ersten Begegnung keinen allzu guten Eindruck zu machen«.

Als er drei Jahre später jene Stellung antrat, beschrieb er sich selbst noch einmal recht ausführlich. Da schrieb er von seinem sehr ausgeglichenen Temperament und daß er sich zu wenig Bewegung mache, keine Neigung zum Trinken, wohl aber häufig Heißhunger habe. Und wörtlich heißt es dann über den Dreißigjährigen: »Er ist hagerer, mittelmäßiger Statur, hat ein blasses Gesicht, sehr oft kalte Hände, Füße, die wie die Finger seiner Hände nach Verhältniß der übrigen Theile seines Körpers zu lang und zu dünn sind, und keine Anlage zum Schweiß. Er hat bräunliches Haar auf dem Haupte, am Leibe ist er nur sparsam damit versehen. Er hatte von Kindheit an kein scharfes Gesicht, seine Stimme ist schwach ... Er liebt das Süße, z. B. den Zucker, womit er auch den Wein zu vermischen pflegt ... Sein nächtlicher Schlaf ist ununterbrochen, weil er spät zu Bette geht und das Nachtsitzen dem Arbeiten am frühen Morgen bei weitem vorzieht.«

Im nächsten Absatz seiner Selbstdarstellung ging er ein wenig auf seine Kindheit und Jugendzeit ein, wobei er jedoch nicht erwähnte, daß er die Eltern früh verloren hatte, und daß er sich sein umfangreiches Wissen, das ihn auszeichnete, größtenteils auf eigene Faust beigebracht hatte. Zwar war er zur Schule gegangen, aber er war den Mitschülern immer um Jahre voraus; sogar Latein hatte er sich alleine beigebracht, und zwar so, daß er es mündlich wie schriftlich völlig beherrschte.

Dann schrieb er noch über seine Arbeitsweise und seine Fähigkeiten, wenngleich nur in Andeutungen, wobei es überrascht, daß er behauptete, ein schlechtes Gedächtnis zu haben, er, der schon bald – so hat man gesagt – das gesamte Wissen seiner Zeit umfaßte und als Universalgenie galt:

»Nicht ohne Furcht fängt er eine Arbeit an, aber muthig setzt er sie fort. Wegen seines schwachen Gesichts hat er keine lebhafte Einbildungskraft. Wegen seines schwachen Gedächtnisses rührt ihn der geringste gegenwärtige Verlust mehr als der größte vergangene. Die Natur schenkte ihm eine vortreffliche Erfindungs- und Urtheilskraft und es wird ihm nicht schwer, mancherlei auszudenken.«

Zum Abschluß machte er eine Voraussage auf sein Ende: »Seine Lebensgeister sind in zu starker Thätigkeit. Ich fürchte daher, daß er bei seinem hagern Körper wegen seines anhaltenden Studierens und seiner häufigen Meditationen einmal an einer hitzigen Krankheit oder an der Auszehrung stirbt.«

Er starb, nachdem er vierzig Jahre jenes Amt innegehabt und Junggeselle geblieben war, im Alter von 70 Jahren. Zu seiner Beerdigung waren – so wird berichtet – »alle Hof-Bediente geladen«, aber niemand war erschienen. Sein einziger Erbe, ein Neffe, erhielt eine umfangreiche Bibliothek und Wertpapiere in Höhe von 12 000 Talern.

Wer war's?

26 *Für fremde Sprachen kein Interesse*

Mit seiner vierten Frau, die früher Schauspielerin war, hatte er zwei Töchter. Seine dritte Frau hatte ihm fünf Kinder geboren, sich dann aber von ihm getrennt. Seine zweite Frau war – wie auch seine Schwester – exekutiert worden. Um seine erste Frau, die vier Jahre älter war als er, hat er sich überhaupt nie gekümmert, ja sie eigentlich gar nicht als seine Frau anerkannt, nachdem diese Heirat nur auf Beschluß seines Vaters zustande gekommen war. Gegen den Vater hatte schon der Knabe sich aufgelehnt:

»Als ich ungefähr dreizehn Jahre alt war, lud mein Vater viele Gäste in sein Haus, und während diese anwesend waren, entstand ein Streit zwischen uns. Mein Vater rügte mich offen vor dem ganzen Kreis, nannte mich faul und nutzlos. Das versetzte mich in Wut. Ich verfluchte ihn und verließ das Haus. Meine Mutter lief hinter mir her und versuchte, mich zur Rückkehr zu bewegen. Mein Vater verfolgte mich auch, fluchend, während er mich zur Rückkehr aufforderte. Ich erreichte den Rand eines Teiches und drohte hineinzuspringen, wenn er mir nur einen Schritt näher käme.«

Offenbar ist sein Vater doch nicht so streng gewesen, denn er ließ sich auf Verhandlungen mit dem Sohn ein: »In dieser Situation wurden Forderungen und Gegenforderungen . . . vorgetragen. Mein Vater bestand darauf, daß ich mich entschuldigen und zum Zeichen meiner Ergebenheit einen Kotou machen solle. Ich stimmte zu mit einem Bein niederzuknien, wenn er versprechen würde, mich nicht zu schlagen. So endete der Streit, und ich lernte daraus, daß, wenn ich mein Recht in offener Rebellion verteidigte, mein Vater nachgab, wenn ich aber demütig und gehorsam bliebe, er mich nur um so mehr verfluchen und schlagen würde.«

Der Vater gab auch nach, als der Sohn nicht den väterlichen Hof übernehmen, sondern studieren wollte. Siebzehn Jahre war der Sohn, da kam er zum erstenmal auf eine Schule. Mit achtzehn wurde er Soldat, freiwillig. Dann besuchte er eine Lehrerbildungsanstalt. Als Student wurde er mehrmals ausgezeichnet. Vor allem seine Aufsätze fielen wegen des brillanten Stils auf, und manche wurden öffentlich ausgehängt. Er interessierte sich besonders für Geschichte und Philosophie und bewunderte zu jener Zeit Männer wie Washington, Bismarck, auch Wilhelm II., vor allem jedoch Napoleon. Die Bewunderung für den einstigen Kaiser der Franzosen klang noch bei dem Siebzigjährigen an, der bekannte, zwar Robespierre als einen großen Revolutionär verehrt zu haben, von Napoleon aber stets stärker beeindruckt gewesen zu sein. Seine Sympathie aber galt nicht den Heroen, sondern den Unterdrückten.

Für fremde Sprachen hat er sich nie interessiert, hat auch keine erlernt. Ihm genügte die vollendete Beherrschung der Sprache seines Volkes, und bei allem, was er tat, ging es ihm letztlich um sein Volk und dessen Zukunft. Und da wurde er schon als Student aktiv. Doch handelte er nie übereilt: »Begreifen geht vor Entscheiden«, sagte er einmal; »Erfolg kommt von Entscheidungen, die auf durchgreifendem Verstehen beruhen. Es ist eines der schwersten Dinge im Leben, sorgfältig und genau zu sein.« Und in einem Brief des Studenten heißt es: »Hohes Streben bildet sich durch Studium der Philosophie. Nur durch solche Studien kann man die Wahrheit begreifen und sie als Richtschnur für sein Verhalten nehmen.«

Freilich gilt auch für seine Wahrheit, daß sie subjektiv ist. Und freilich hat auch er Fehler gemacht. Zumindest dies jedoch hat er richtig gesehen und es auch durchgesetzt: daß das Neue, um das es ihm und anderen ging, nur Bestand haben kann auf dem Boden uralter Traditionen. In dieser Hinsicht gelang ihm eine höchst komplizierte Synthese.

Sein Name wurde in aller Welt bekannt. Wenig aber weiß man von seinem persönlichen Leben. Er ißt gern roten Pfeffer, hat manchmal Wutausbrüche und war sein Leben lang ein starker Raucher.

Wer ist's?

27 *»Mit fröhlicher Miene neun Jahre lernen«*

Aus religiösen Gründen hatte sein Vater mit Frau und drei Kindern die Heimat verlassen. Unterwegs, auf dem Schiff, wurde ein viertes Kind geboren. Und sechs weitere kamen in dem neuen Wohnort auf die Welt, wo der Vater seinen alten Beruf – er war Färber – nicht mehr ausüben konnte und sich und die Seinen mit dem Ziehen und Verkaufen von Kerzen ernährte. Die Frau starb nach der Geburt des zehnten Kindes, und der Vater heiratete zum zweitenmal. Die zweite Frau gebar sieben Kinder, darunter ihn, der später in seinen Lebenserinnerungen schrieb, daß ihm der Anblick von dreizehn Geschwistern bei Tisch gewohnt gewesen sei und daß er früh habe lernen müssen, sich ihnen gegenüber zu behaupten.

Schon als Vierjähriger, sagt er, habe er lesen können, obgleich er erst mit acht in die Schule kam, die er nach nur zwei Jahren wieder verließ, weil der Vater ihn in seiner Werkstatt brauchte. Aber das Dochteschneiden langweilte ihn. Deswegen wollte er von zu Hause weg; er wollte Matrose werden und zur See fahren. Der Vater jedoch war damit nicht einverstanden, denn ein älterer Sohn war als Matrose verschollen. Und den jüngsten wollte er nicht auch auf diese Weise verlieren. Mit ihm ging er nun von Handwerker zu Handwerker, um für ihn das richtige Handwerk herauszufinden. Nichts jedoch fesselte den Sohn so sehr, daß er bei einem hätte bleiben mögen. Aber er lernte auf diese Weise doch so viel, daß er später, als er auf einem noch sehr unvollkommen erforschten Gebiet zukunftweisende Experimente machte, sich im Handwerklichen – so schrieb er – immer selber habe helfen können.

Am meisten lernte er dann bei seinem neun Jahre älteren Bruder, zu dem der Vater ihn schließlich in die Druckerlehre gab. Der Lehrvertrag für den Zwölfjährigen wurde auf neun Jahre abgeschlossen. Im Vertrag hieß es, er solle »mit fröhlicher Miene dienen« und »Tag und Nacht bereit sein«, dürfe aber »nicht in Kaffeehäusern, Wirtschaften, Kneipen verkehren«, dürfe auch »nicht spielen, wetten und würfeln«, und auch einen »Ehevertrag« sollte er während der Lehrzeit nicht eingehen dürfen.

Nach zwei Jahren, in denen er sich nicht nur mit Setzen und Drucken beschäftigt hatte, sondern auch mit dem Inhalt der Zeitung, die der Bruder herausgab, spielte er dem Bruder unter Pseudonym, und zwar einem weiblichen, und mit verstellter Handschrift ein von ihm verfaßtes Manuskript zu, das dann auch gedruckt wurde. Das wiederholte er noch mehrere Male und schrieb dabei über die Dummheit der Studenten, über den Hochmut der Könige, über die Laster der Frauen. Was er da schrieb, war allerdings nicht alles von ihm selbst erdacht. Vieles hatte er aus anderen Zeitungen, teils umgeschrieben, teils auch einfach übernommen.

Als er fünfzehn Jahre alt war, wurde seinem Bruder

die Lizenz für die Zeitung entzogen, weil er die Behörden allzu scharf angegriffen hatte. Um die Zeitung am Leben zu erhalten, wurde die Lizenz auf den Namen des Fünfzehnjährigen überschrieben. Die Folge war, daß es zwischen den Brüdern zu starken Spannungen kam, weil vor allem der Ältere nicht ertrug, daß sein Lehrling jetzt – zumindest auf dem Papier – auch sein Vorgesetzter war. Schon vorher hatte der Ältere den Jüngeren oft geschlagen, von nun an kam es zwischen den beiden so häufig zu Prügeleien, daß der Junge schließlich vertragsbrüchig wurde und den Bruder verließ.

Später nannte er diesen Vertragsbruch einen großen Fehler. Aber aus diesem Fehler hat er die Lehre gezogen, daß man gespannte Beziehungen (seien sie nun zwischen Menschen oder zwischen Völkern und Staaten) nicht auf Biegen oder Brechen lösen kann, sondern immer nur in vorsichtigem An- und Ausgleichen, im richtigen Zusammenspiel. Als Diplomat, aber auch als Forscher und Schriftsteller hat er auf diese Weise noch viel geleistet, bis er im Alter von 84 Jahren starb. Nur im richtigen Zusammenspiel aller Menschen untereinander sah er die Gewähr für Erfolge, Glück und Freiheit des einzelnen ohne Unterdrükkung anderer.

Wer war's?

28 *Pompös und enorm dekorativ*

Sein Leben lang war er ungemein fleißig. Und sein Fleiß brachte ihm Erfolge über Erfolge; er war – so sagte es ein ebenso berühmter Kollege – »ein Segensmensch«, einer – so ein Mitarbeiter von ihm – »von den Auserwählten, denen sich alles zum Gedeihen wendet«.

Die ersten Jahre selbständigen Lebens ließen allerdings kaum etwas Besonderes erkennen. Als Schüler blieb er eine Null, und nach mehrmaligem Sitzenbleiben ging der Sechzehnjährige von der Schule ab und entschloß sich für den Beruf eines Landwirts. Aber weil es mit seiner Gesundheit nicht zum besten stand, mußte er die begonnene Elevenzeit abbrechen.

Nachdem er mit dem Versuch, das Einjährigen-Examen zu machen, ebenfalls gescheitert war, wollte er Bildhauer werden. Auch diesen Weg gab er nach Jahren der Not auf. Inzwischen hatte er ein Mädchen kennengelernt, das ihm aus seiner finanziellen Misere heraushalf. Später erinnerte er sich:

»Als wir auf der Straße gingen, griff sie plötzlich nach meiner Hand. Und ehe ich noch verstand, was sie wollte, umschloß ich bereits eine Faust voll Gold. Ja, es war Gold, es war pures Gold. Sie war eine Fee ... Sie schwieg – ich schwieg. Was sollten wir anderes tun? Es war von der Sache nicht weiter die Rede. Wie ein Wunder gedenke ich dieses Augenblicks.«

Die Fee hat er geheiratet (als Dreiundzwanzigjähriger). Von da an ging's mit ihm zunächst langsam, aber dann immer steiler bergauf, zumal er rasch lernte, mit – so sagt es einer seiner Biographen – »harten Bandagen um Geld zu kämpfen«. Der Siebenunddreißigjährige konnte einer Freundin, einer musizierenden Schauspielerin, für dreißigtausend Mark eine Stradivari kaufen. Und zwei Jahre weiter baute er für sich und jene Freundin ein Haus, das einer Burg glich.

Als er das Haus bezog, lebte er von seiner Frau und seinen drei Söhnen getrennt. Drei Jahre später wurde die Ehe geschieden, und er heiratete die sehr viel jüngere Freundin, die inzwischen auch schon einen Sohn von ihm hatte. Mit ihr lebte er gut vier Jahrzehnte in jenem burgähnlichen Haus, wo er schließlich – nach immer größeren Erfolgen und höchsten Auszeichnungen – im Alter von fast vierundachtzig Jahren starb. Begraben wurde er in einer Franziskanerkutte.

In einer späteren Gedenkrede nannte ein jüngerer Kollege ihn einen »bewohnten Planeten«, einen »behausten Stern«, »manchmal fast eine Sonne, um die Planeten kreisen«. Dreißig Jahre zuvor schrieb Gottfried Benn, nachdem er ihm zum erstenmal begegnet war: »Ich fand den Mann pompös. Zum mindesten äußerlich, gestaltmäßig, haltungshaft enorm dekorativ, kein fauler Zauber an ihm, wie so oft an seinen Sachen, die er schreibt.«

Wer war's?

29 *Ihr Leben begann im Gefängnis*

Die Achtundvierzigjährige schrieb ihrem Beichtvater: »Vergessen Sie meiner nicht in Ihrem Gebet, denn ich bedarf dringend der Kraft, damit mein Glück mir zum Segen gereiche.« – Das Glück war spät gekommen. Eine Zeitgenossin meinte: »Ihre Stellung ist einmalig in der Welt; noch nie gab es dergleichen, und nie wieder wird es etwas ähnliches geben.«

Einmalig war auch ihr Aufstieg bis zur höchsten Spitze der Gesellschaft. Denn der Beginn ihres Lebens hatte nicht gerade vielversprechend ausgesehen. Sie war in einem Gefängnis auf die Welt gekommen. Schuld daran war ihr Vater, der mehr als die Hälfte seines Lebens in Gefängnissen zugebracht hatte. Das dritte Kind, das innerhalb der Festungsmauern geboren wurde, war sie. Als sie zehn Jahre alt war und ihr Vater seine Strafe abgesessen hatte, schiffte sich die ganze Familie nach Westindien ein. Nach etwa anderthalb Jahren kehrten sie zurück in die Heimat, noch immer so arm wie zuvor. Im Alter von sechzehn Jahren lernte sie einen einundvierzigjährigen Schriftsteller kennen, dem es in keiner Weise gut ging, körperlich nicht, weil er so sehr an Rheuma oder Arthritis litt, daß er nicht mehr gehen konnte, und finanziell nicht, weil die Adligen, denen er seine Bücher widmete, nicht bereit waren, ihn zu unterstützen. Er hat deswegen die dritte Ausgabe seiner gesammelten Verse nicht mehr irgendeiner einflußreichen Persönlichkeit gewidmet, sondern sie dem Schoßhund seiner Schwester zugeeignet. Er war ein Satiriker, und vielleicht beeindruckte sie seine geistvolle Art, vielleicht war es auch nur Mitleid, jedenfalls nahm sie seinen Heiratsantrag an.

Acht Jahre, bis zu seinem Tod, war sie seine Frau, allerdings – so heißt es – ohne daß die Ehe je vollzogen worden wäre. In einer Art Testament riet er ihr, sich wieder zu verheiraten: »Ich habe sie genötigt, zu fasten«, hieß es da, »und das müßte ihr tüchtig Appetit gemacht haben; möge sie es dann ein wenig genießen. Und möge ihre Lebensklugheit sie davor bewahren, noch einmal bei einem Gelähmten Zuflucht zu nehmen . . .«

Es war kein Gelähmter, bei dem sie Zuflucht suchte (oder sie vielmehr fand, ohne sie gesucht zu haben), es war der mächtigste Mann der Welt. Aber das geschah viele Jahre später. Zunächst dachte die erst vierundzwanzigjährige Witwe trotz der großen Armut, in der sie lebte, nicht daran, sich wieder zu verheiraten. Schon von Natur aus zurückhaltend und kritisch, war sie durch ihren Mann noch kritischer geworden, auch eigenwilliger; er hatte sie in allen möglichen Dingen unterrichtet, zum Beispiel in Latein, Spanisch, Italienisch, hatte sie gelehrt, Gedichte zu verfassen, und hatte ihr überhaupt alle möglichen geistigen Gebiete erschlossen. So ist es nicht verwunderlich, daß ihr eines Tages eine Stellung als Erzieherin angeboten wurde. Diese Stellung, die sie übrigens nur zögernd annahm, war der Anfang zu ihrem Glück.

Gezögert hat sie aus moralischen Gründen: das Kind, das sie erziehen sollte, war unehelich, und sie meinte, das sündige Verhältnis, dem das Kind entstammte, nicht noch begünstigen zu dürfen. Ihr Beichtvater hatte sie indessen überzeugt, daß es geradezu ihre Pflicht sei, die Stellung anzunehmen. Ihre neuen Aufgaben erledigte sie mit großer Gewissenhaftigkeit, auch als sie sich mehr und mehr ausweiteten. Denn bei jenem Verhältnis blieb es nicht bei dem einen Kind; insgesamt wurden es sieben, von denen drei jedoch sehr früh starben.

Erschwerend wirkte es sich für sie aus, daß das ganze Unternehmen von Geheimnistuerei umgeben bleiben sollte; zu dem Haus, in dem sie mit den Kindern lebte, war sogar Handwerkern der Zutritt verwehrt. »Ich mußte auf Leitern klettern, um solche Arbeiten selbst zu erledigen«, schrieb sie einmal, »die Ammen rührten keinen Finger, aus Angst, sich zu ermüden und ihre Milch zu gefährden ... Und manchmal verbrachte ich die ganze Nacht ... bei einem der Kinder, das krank lag ... Man wunderte sich, daß ich immer dünner wurde.«

Während sie dünner wurde, wurde die Mutter der Kinder dicker und war schließlich recht füllig. Das hat zweifellos dazu beigetragen, daß der Vater der Kinder schließlich das Interesse an ihr verlor und auf die Erzieherin aufmerksam wurde. Doch war dies nur ein

Nebenaspekt. Ausschlaggebend wurde, daß er in der Erzieherin, die ihm anfangs viel zu pedantisch, zu ordentlich, zu blaß erschien, mehr und mehr eine kluge, geistreiche Frau erkannte. Aber was ihn völlig überraschte, war ihr Verhalten, als er sie zu seiner Geliebten machen wollte: sie lehnte schlichtweg ab. So etwas hatte es für ihn noch nicht gegeben; es imponierte ihm, und die Frau wurde für ihn um so reizvoller. Er interessierte sich nun noch mehr für sie, auf eine nicht mehr nur erotische Weise, er ging auf ihre Ansichten ein, und sie brachte es fertig, daß er sich wieder seiner Frau zuwandte, das heißt, seiner ihm angetrauten Frau. Erst nach deren Tod war sie bereit, auf seine Wünsche einzugehen, aber auch da nur unter der Bedingung, von ihm geheiratet zu werden. Der drei Jahre Jüngere ging darauf ein.

Das war das Glück, von dem die Achtundvierzigjährige schrieb. Es dauerte gut dreißig Jahre, bis zu seinem Tod; sie hat ihn um viereinhalb Jahre überlebt.

Wer war's?

30 *Bienenhonig war ihm unappetitlich*

Auf die Frage, was er einmal werden wolle, gab er als Kind oft die Antwort: »Märtyrer!« Das mag mit dem schweren Leben seiner Mutter zusammenhängen und mit seiner Liebe zu ihr. Die Familie (mit vielen Kindern) lebte sehr ärmlich. Der Vater fuhr als Hausierer mit Pferd und Wagen über die Dörfer, bis er sich als Schankwirt und Schnapsbrenner niederließ und einen kleinen Handel führte. Er war ein Haustyrann, unter dem die Mutter viel zu leiden hatte. Einmal kam der Junge darüber zu, wie die Mutter von dem Vater roh behandelt wurde. Entsetzt lief er aus dem Haus. Er hat diese Szene ein Leben lang nicht vergessen können, wollte sie wohl nicht vergessen, sondern wollte auch leiden, weil die Mutter leiden mußte. Viel später hat er es seiner Frau geradezu zum Vorwurf gemacht, daß ihrem Gesicht Züge des Leidens fehlten.

Dabei litt auch seine Frau. Und sie litt unter ihm. Er war neunzehn Jahre älter als sie. Schon bald nach der Hochzeit hatte sie das Gefühl, durch ihn von allem Leben abgeschnitten zu sein. Das änderte sich auch nicht, als ein Kind kam, ein Mädchen. Sie schrieb in ihr Tagebuch: »Mir ist oft, als ob man mir die Flügel beschnitten hätte. Warum hast du mich flugfrohen, farbfrohen Vogel an dich gekettet, wo dir doch mit einem grauen, schweren besser geholfen wäre!«

Auch nach der Geburt eines zweiten Mädchens änderte sich im Leben der beiden nichts. Er scheint gar nicht bemerkt zu haben, wie einsam sie sich fühlte. Er war zu sehr mit seiner Arbeit beschäftigt. Lange hatte er gebraucht, bis er einen angesehenen Posten übernehmen konnte; die Jahre, da er als Wunderkind galt, lagen weit zurück, und die Zeit, in der er wirklich anerkannt wurde, lag noch in der Zukunft, ungewiß (wenn er auch fest glaubte, was er immer wieder sagte: »Meine Zeit wird noch kommen.«).

Er hat seine Zeit nicht mehr erlebt. Als er im Alter von 50 Jahren starb, hinterließ er ein großes Werk. Darin ging es ihm um Erhabenheit, Schönheit, Reinheit. Seine Frau schrieb in ihren Erinnerungen: »Er war ein Zölibatär und fürchtete das Weib. Seine Angst, ›heruntergezogen‹ zu werden, war grenzenlos und so mied er das Leben . . . also das Weibliche.« Und an anderer Stelle: »Er hatte die Eigenheit, daß kein Gericht auf den Tisch kommen durfte, das die Form des Tieres noch hatte, als welches es gelebt hatte. So keine ganzen Fische, das Huhn nicht im Ganzen. Mehr noch, er sagte einmal: ›Ich esse Kunsthonig lieber als den echten, weil mir die Herstellung des Honigs durch den Bienendarm unappetitlich ist.‹«

Wer war's?

31 *Und Gott erbarmt sich ihrer nicht*

Ein Historiker, der über sie schrieb, zitierte die Verse Hugo von Hofmannsthals: »Leicht muß man sein, / mit leichtem Herz und leichten Händen / halten und nehmen, halten und lassen . . . / Die nicht so sind, die straft das Leben, und / Gott erbarmt sich ihrer nicht.«

Sie war nicht so, und das Leben hat sie gestraft, das Leben, das für sie so vielversprechend begonnen hatte, so fröhlich, sicher und ohne Sorgen. »Du bist ganz deines heißgeliebten Papas Kind«, sagte die Mutter einmal zu ihr, »du bist so gelehrt und so vernarrt in philosophische Bücher, daß du mir weit über den Kopf gewachsen bist.«

In der Tat hatte sie von ihrem Vater das gewissenhafte Streben nach geistigen Dingen geerbt, von ihrer Mutter aber den Starrsinn. Sie las sehr viel, so zum Beispiel – wie sie selber sagte – regelmäßig mehrere politische Zeitschriften. Sie las auch »Das Kapital«, denn sie interessierte sich eigentlich für alles, auch für Medizin, für Musik, Religion, Gartenbau. Sie bildete sich über alles selbst eine Meinung, ohne Rücksicht auf die Meinungen anderer. Wagner, so erklärte sie, sei ihr ein Greuel, Schillers Ode »An die Freude« fand sie »furchtbar übertrieben«. Dabei war sie – so sagte ihre Mutter – außerordentlich taktlos. Und ein Politiker meinte, sie habe alles verspielt, nur weil sie die üblichen Höflichkeiten außer acht ließ.

Wenig höflich schien sie in der Tat, als sie, jung verheiratet, ins Heimatland ihres Mannes umziehen mußte. Ihr ältester Sohn schrieb später: »Sie kam aus einem Lande, das ... seit Jahrhunderten ein eigenes Leben geführt und eine eigene Entwicklung gehabt hatte ... Mit Feuereifer ging meine Mutter daran, in der neuen Heimat alles für den Bau eines Volksglückes vorzubereiten, was auch nach ihrer ... Erziehung, Überzeugung und Weltanschauung allein das Volksglück ausmachen konnte.«

Zunächst jedoch ging es noch keineswegs um den Bau eines Volksglücks, als vielmehr um den Bau des eigenen Nestes, und schon dabei gab es Schwierigkeiten, und es wurde ihr klar, wie konservativ, ja geradezu reaktionär ihre neuen Verwandten waren und vor allem wie sparsam. In ihrem neuen Heim durfte nichts geändert werden. Am meisten störte es sie, daß es kein Badezimmer gab und daß auch keines eingerichtet werden durfte; alles mußte so bleiben, wie es war. Geiz wurde mit Tradition entschuldigt. Auch ihr Schwiegervater hatte kein Badezimmer, und bis an sein Lebensende verzichtete er darauf, sich eines einrichten zu lassen. Wenn er ein Bad nehmen wollte, wurde von einem nahe gelegenen Hotel eine Wanne geholt und mit Wasser gefüllt. Er war nun einmal überaus sparsam, was – zum Entsetzen seiner Schwiegertochter – auch das Tischgeschirr erkennen ließ. So wurden zum Beispiel keine Eierbecher angeschafft; man benutzte da einfach Likörgläser. Und nach jeder Mahlzeit nahm ihr Schwiegervater einen Bleistift und zeichnete auf der Weinflasche den Inhalt an.

Mit solchen Dingen, über die sie zwar spottete, hätte sie sich abfinden können (und mußte es ja auch), schlimmer aber war für sie die grundsätzliche Haltung, aus der dies alles erwuchs: der Mangel an Liberalität. Ihr Mann schien ihr in dieser Umgebung der einzige Mensch zu sein, der eine liberale Einstellung hatte, und sie hat ihn darin immer bestärkt, und zwar – jedenfalls von ihr aus gesehen – mit Erfolg.

Sehr viel weniger Erfolg aber sollte sie in dieser Beziehung bei ihrem ältesten Sohn haben, obgleich sie sich um dessen Erziehung besonders bemühte. Ihre Mutter riet ihr: »Erziehe ihn einfach, schlicht, nicht mit jenem schrecklichen preußischen Stolz und Ehrgeiz, der dem lieben Papa so viel Kummer bereitete ... Stolz und Ehrgeiz sind nicht nur an sich sehr falsch, sie untergraben auch die Zuneigung und sind in jeder Beziehung großer Fürsten – und großer Nationen – unwürdig.«

Stolz und Ehrgeiz waren ihm nicht mehr auszutreiben. Aber eigentlich zeigte sich bei ihm nur, was auch ihr Fehler war, nämlich anstelle jenes Hofmannsthalschen Leicht-Seins ein herrisches, rechthaberisches, unnachgiebiges Wesen. Und mit einigem Recht konnte der Sohn einmal sagen: »Meine Mutter und ich haben den gleichen Charakter. Ich habe ihren geerbt. Das gute englische Blut, das nicht nachgeben will, fließt in unser beider Adern. Die Folge ist, daß, wenn wir uns nicht einigen können, die Situation schwierig wird.«

Auch sie war nicht frei von Stolz und Ehrgeiz. Sie hoffte, ihre Ansichten durchsetzen zu können, wenn ihr Mann jenen Posten übernehmen würde, für den er vorgesehen war.

»Leicht muß man sein, mit leichtem Herz und leichten Händen halten und nehmen, halten und lassen ...«: Als sie halten wollte, worauf sie so lange gehofft, war es zu spät; ihr Mann starb, und sie, noch keine fünfzig Jahre alt, mußte alles wieder lassen. Sehr viel später, als auch er selber alles hatte lassen müssen, schrieb ihr Ältester über sie: »Das Lebensglück ist verloren und auch die Lebensarbeit ... Was an sie herankam, wirkte doppelt schwer. Sie war empfindlich. Alles verwundete sie ... Sie sah alles düster, alles feindlich, sah Teilnahmslosigkeit und Kälte, wo nur machtloses Schweigen war ... An Geist und edlem Wollen über den meisten ihrer Zeit, war sie die ärmste, unglücklichste Frau, die jemals eine Krone trug.«

Wer war's?

32 *»Geniale Frauen sind selten ...«*

Die Schule war ihm zuwider; er konnte sich da nicht einfügen. Zum Glück hatte der Vater für sein Freiheitsbedürfnis Verständnis. Er hat ihn deswegen selbst unterrichtet, einige Jahre lang. Später hat er ihn einem sehr guten Lehrer anvertraut. Der Erfolg: mit sechzehn Jahren machte der Junge Abitur, mit neunzehn wurde er an der Universität Assistent.

Aber solche Erfolge überzeugten ihn nicht. »Was wird aus mir werden?« schrieb der Dreiundzwanzigjährige in sein Tagebuch; »selten kommt es vor, daß ich mir ganz gehöre; ein Teil meines Wesens ist gewöhnlich in Schlaf versunken. Es will mir scheinen, daß mein Geist von Tag zu Tag schwerfälliger wird. Einstens stürzte ich mich in das Labyrinth der Wissenschaft, heute streife ich kaum an die Gegenstände und dringe nicht in sie ein. Und so viele, so unendlich viele Dinge habe ich vor!«

Obgleich er in seiner Arbeit frühzeitig Erfolge hatte, dauerte es lange, bis man ihm eine Professur gab. Das lag zu einem gut Teil an ihm selbst; er fand es entwürdigend, sich um einen solchen Posten zu bewerben. Ein Vorgesetzter sagte von ihm: »Da er stets bereit war, zugunsten seiner Freunde und selbst seiner Nebenbuhler zurückzutreten, war er, was man einen ›schlechten Kandidaten‹ zu nennen pflegt!« Aber schließlich, nachdem er eine der höchsten

Auszeichnungen bekommen hatte, konnte man ihn nicht mehr übergehen.

Inzwischen war er Mitte Vierzig und längst verheiratet. Jahre vor seiner Heirat hatte er in sein Tagebuch geschrieben: »Die Frau, weit mehr als wir, liebt das Leben um des Lebens willen: geniale Frauen sind selten. Wenn wir Männer ... alle unsere Gedanken einem Werk widmen, das uns den uns Nahestehenden entrückt, haben wir mit den Frauen zu kämpfen. Die Mutter will vor allem die Liebe ihres Kindes und sei es auf Kosten seiner geistigen Entwicklung. Die Geliebte will gleichfalls den Mann besitzen und würde es ganz selbstverständlich finden, wenn man den größten Geist der Welt einer Liebesstunde opferte. Der Kampf ist fast immer ungleich, weil die Frauen die gerechte Sache für sich haben: denn es geschieht im Namen des Lebens und der Natur, daß sie versuchen, uns zu sich zurückzuführen.«

»Geniale Frauen sind selten ...« – die Frau, die er heiratete (aus der Ehe gingen zwei Kinder hervor), war genial. Als sie ihn kennenlernte, war sie noch Studentin. Bald arbeiteten die beiden zusammen, und ihre gemeinsamen Erfolge machten sie weltberühmt. Es war eine harte, aber glückliche Zusammenarbeit, ein glückliches Zusammenleben. Nach achtjähriger Ehe sagte sie ihrem Mann: »Wenn einer von uns sterben sollte, darf der andere ihn nicht überleben; wir könnten nicht einer ohne den anderen sein.« Er antwortete: »Das darfst du nicht sagen. Was immer geschieht, und sollte man wie ein entseelter Körper zurückbleiben, es heißt trotz allem: arbeiten.«

Drei Jahre später wurde er beim Überqueren einer Straße von einem schweren Pferdefuhrwerk überfahren. Eines der Hinterräder zermalmte ihm den Schädel. Als man ihr die Nachricht brachte, war sie wie erstarrt. Erst nach langem Schweigen fragte sie »Tot? Ganz und gar tot?« Tage später schrieb sie in ihr Tagebuch:

». . . da liegst du, bleich wie ein armer Verwundeter, der schlafend mit verbundenem Kopf ruht . . . Deine Lippen, die ich einst genäschig nannte, sind bleich und entfärbt. Dein Bart ist ergraut. Dein Haar ist kaum zu sehen, denn da beginnt die Wunde, und rechts, oberhalb der Stirne, sieht man den Knochen, der gesprengt worden ist. Oh, wie weh hat es dir getan, wie hast du geblutet, deine Kleider sind von Blut überströmt. Wie schrecklich war der Stoß, dem dein armer Kopf ausgesetzt war, den ich so oft streichelte und zwischen meine Hände nahm . . . Wir haben dich in den Sarg gelegt . . . Wir haben dein kaltes Gesicht zum letzten Mal geküßt . . . Man kommt, dich zu holen . . . Wir sehen, wie du in das große tiefe Loch hinabgesenkt wirst . . . Man schaufelt das Grab zu, man legt die Blumen darauf, . . . alles ist zu Ende, alles, alles . . .«

Sie hat dann aber doch weitergearbeitet, so wie er es gefordert hatte, bis kurz vor ihrem Tod, fast 28 Jahre später. Er war, als er starb, 46 Jahre alt.

Wer war's?

33 *Es kann alles nur schlimm kommen*

Es war eine Welt scheinbarer Sicherheit, in der er aufwuchs, von den Eltern mit ängstlicher Sorgfalt behütet – einziges Kind eines höheren Beamten und seiner zu Schwermut und nervöser Kränklichkeit neigenden Frau. Als der Zehnjährige zum erstenmal auf eine Schule kam, hatten Hauslehrer ihn gründlich vorbereitet. Ein Mitschüler erinnerte sich später an den »sehr aufgeweckten und ungemein lebhaften Jungen; er sprach viel, immer fließend und außerordentlich schnell, dabei stets in Bewegung, im Zimmer herumlaufend, mit den Händen gestikulierend«.

Seine Begabung auf sprachlichem Gebiet war wohl das hervorstechendste. Nicht nur daß der Fünfzehnjährige Homer, Dante, Voltaire, Shakespeare, Byron und Browning, auch nahezu die gesamte deutsche Literatur im Original gelesen hatte, erstaunlicher war seine Fähigkeit, mit der Sprache umzugehen: er beherrschte sie wie andere ein Instrument, und zwar mit Vollkommenheit und Leichtigkeit.

Manche hielten ihn für altklug, andere sahen schon in dem Knaben das wahrhafte Genie, der Jüngling selber sprach von »frühgereift und zart und traurig«. Kein Wunder, daß er abseits stand, jedenfalls als Schüler: »Empfänglich für all die Dinge um ihn herum, schien er sich doch an keines von ihnen zu verlieren«, sagte ein Mitschüler, »und nur da zu sein, um

Eindrücke zu empfangen und ... damit und davon zu leben.«

Später indessen war es anders. Da schrieb er: »Der Mensch in mir ist nicht einsam, ist reich an Freundschaft, an Liebe und fast über sein Vermögen beglückt.« Tatsächlich hatte er von der Jugendzeit bis zu seinem Tod einen sehr großen, stets wachsenden und doch zugleich ausgewählten Freundeskreis.

Dennoch litt er zeitweise und immer wiederkehrend unter dem Eindruck, am Leben vorbeizugehen oder vorbeizureden; als junger Mann fühlte er sich »zerfasert und zerfressen vom Denken« und sagte: »Ich habe bisher nie eine große Freude oder einen großen Schmerz gehabt.«

Schon bald nach dem Studium, das der Fünfundzwanzigjährige mit der Promotion zum Dr. phil. abschloß, heiratete er und fand auch gleich das Haus, in dem er mit seiner Frau und schließlich drei Kindern bis zu seinem Tode wohnte: »Es ist nicht größer wie ein Bauernhaus, hat ein wunderschön geformtes altes Schindeldach, einen großen grünen Salon mit bemalten Wänden, und einen tiefen, in den schwarzen Felsen gewölbten Keller.«

Hier entstanden die meisten seiner Arbeiten – alles in allem so viele, daß das große Pensum ihm für das Familien-Leben kaum Zeit gelassen haben kann. In seinen Briefen und Aufzeichnungen ist denn von seiner Frau, seiner Tochter und den zwei Söhnen auch kaum die Rede. Nur einmal heißt es da: »Ich frage mich manchmal mit Bangen: in was für Decennien wachsen meine Buben hinein . . . Es kann, das ist mein Gefühl, alles nur schlimm kommen.«

Es scheint, daß er selber sich aus den Geschehnissen des Alltags herauszuhalten suchte, wobei seine Frau ihm behilflich war. Von ihr schrieb ein Freund, sie habe ihm »durch dreißig Jahre in immer gleicher Geduld und Hingabe die tausend Fratzen und Peinlichkeiten des Tageslebens fernzuhalten oder doch ins Erträgliche zu mildern gewußt«. Vielleicht hat es ihn deswegen nur um so härter getroffen, als ein großes Unglück in diese Abgeschirmtheit einbrach: völlig überraschend nahm sein ältester Sohn sich in seinem Haus durch einen Schuß in die Schläfe das Leben. Der 55jährige Vater, dessen Angst vor den Erschwernissen des Alltags sich ohnehin zu krankhafter Überempfindlichkeit gesteigert hatte, hat diese »schwere Tat« nur um zwei Tage überlebt.

Wer war's?

34 *Unschuldig zum Tode verurteilt*

Der 21jährige Jura-Student schrieb nach Hause: »Lieber Vater! Wozu hat mich dein Argwohn schon gemacht; wäre ich alles, was du schon von mir geargwöhnt hast, so wäre es besser, ich hätte längst aufgehört zu sein ... Ja, ich gebe zu, ich habe leichtsinnig, jugendlich gefehlt; aber das meiste ist dir geworden durch deinen eigenen Argwohn und durch andere, die du mir zu Wächtern bestimmt hast.«

In der Tat ließ der Vater ihn ständig beobachten und holte fortwährend Meinungen und Stellungnahmen seiner Lehrer ein. Allerdings bestand dazu auch von Anfang an Grund. Schon das Abitur hatte der Sohn nur mit Ach und Krach bestanden. Er konnte sich einfach nicht an ein systematisches, diszipliniertes Arbeiten gewöhnen, und je mehr der Vater ihn dahin bringen wollte, desto mehr gab der Sohn seiner Neigung zum Bummeln und Träumen nach. Der Vater war von unermüdlicher Arbeitskraft, er war in seiner kleinen Stadt Bürgermeister und Stadtrichter und erwarb sich nebenbei mit Landwirtschaft und Viehzucht ein ansehnliches Vermögen. Den Sohn, seinen einzigen, wollte er zu seinem Nachfolger machen. Aber mit seiner Strenge und seinem Mißtrauen brachte er ihn schon früh dahin, sich ihm gegenüber zu verstellen; der Gymnasiast versicherte den Vater in langen Briefen immer wieder seines Fleißes und seines guten Betragens. Von anderer Seite erhielt der Vater aber ganz andere Berichte. So wuchs bei ihm das Mißtrauen, während bei dem Jungen das Selbstbewußtsein mehr und mehr schwand.

Kein Wunder, daß er sich bald einer Studentenvereinigung anschloß, deren Mitgliedern es mehr ums Fechten und Saufen ging als ums Studieren. Sie betätigten sich indessen auch politisch, und das wurde ihm zum Verhängnis. Einige von ihnen inszenierten einen Aufstand und stürmten in der Universitätsstadt das Haus des Justizamtmanns. Er selber hat daran nicht teilgenommen, er lag zu jener Zeit in seiner Bude rauchend auf dem Sofa. Aber er hatte einem am Aufstand beteiligten Kommilitonen seine Jacke geliehen; die Folge war, daß der Pedell später unter Eid aussagte, er sei dabei gewesen.

Er wurde verhaftet, wegen mangelnder Beweise wieder freigelassen, aber »als ein durch sein Beispiel sehr schädliches Glied« von der Universität verwiesen. Aus Furcht vor dem Zorn des Vaters tauchte er unter, und erst als der Vater ihn in den Zeitungen suchen ließ, kehrte er nach Hause zurück. Inzwischen gingen die Behörden mit aller Strenge gegen die Studentenvereinigung vor, der er seit jenem Aufstand nicht mehr angehörte. Auch er wurde erneut verhaftet und wegen seiner ehemaligen Mitgliedschaft wie ein Schwerverbrecher behandelt. Aus der Untersuchungshaft schrieb er dem Vater, jener Tag, der ihn in den Kerker brachte, habe ihn »namenlos unglücklich gemacht; er hat mir Gesundheit und Lebensglück, und was noch schlimmer ist, auch Lebensmut geraubt... Ich bin auf dem Wege, mir passiven Mut zu verschaffen, dessen Höhepunkt völlige Apathie sein wird.«

Nach dreieinhalbjähriger Untersuchungshaft fiel das Urteil: »Wegen Teilnahme an hochverräterischen ... Verbindungen ... und wegen Majestätsbeleidigung« Hinrichtung durch das Beil. Ein königlicher »Gnadenerlaß« verwandelte das Todesurteil in dreißigjährige Festungshaft, die später nach vielen Eingaben des Vaters auf acht Jahre verkürzt wurde. Infolge einer Amnestie kam der Sohn nach insgesamt sieben Jahren Haft wieder frei.

Inzwischen war er dreißig Jahre alt. Es dauerte lange, bis er sich in der Freiheit zurechtfand und schließlich jenen Weg einschlug, der ihn und sein Leben so bekannt werden ließ, daß damit auch die Grausamkeiten jener Staatsmaschinerie in Erinnerung bleiben. In seinem Brief aus der Untersuchungshaft, in dem er von »völliger Apathie« schrieb, hatte er angedeutet, daß er Trost nur noch im Alkohol finden könne. Von da bis an sein Lebensende (er starb im Alter von 63 Jahren) war er alle vier bis sechs Monate zwanghaft dem Trinken verfallen.

Wer war's?

35 *Schließlich aß er gar nichts mehr*

Die Mutter hat ihn, der von Geburt schwächlich war, von Anfang an verwöhnt und den nachfolgenden vier kräftigeren Töchtern vorgezogen. Da der Vater früh starb (als er, der Sohn, im sechzehnten Jahr stand), blieb er ganz unter dem Einfluß der Mutter, wodurch seine Neigung zu Labilität und Disharmonie gefördert wurde. Da sie alles, was sie und er als unangenehm empfanden, von ihm fernhielt, schreckte er auch später vor großen Belastungen zurück und nahm Mißerfolge auf übertriebene Weise ernst.

In der Schule, als Gymnasiast, erwies er sich als überdurchschnittlich gut. Schon damals zeigte sich seine spezielle Begabung: Er hatte die Fähigkeit, andere rasch zu durchschauen und sie auf witzige und treffende Weise nachzuahmen. Indessen erwuchs seine Lust zu satirischem Karikieren nicht aus sicherer Überlegenheit. Vielmehr war es der verzweifelte Versuch eines gegenüber äußeren Einflüssen anfälligen, im Grunde sehr gehemmten jungen Menschen, sich unter seinen robusteren Mitschülern zu behaupten. Quälende Zweifel an sich selbst hatte er sein Leben lang.

Sein Ehrgeiz ging dahin, im öffentlichen Leben, im Staatsdienst, einmal eine bedeutende Stellung einzunehmen, und zwar in der Absicht, etwas allgemein Nützliches zu tun. Der Achtzehnjährige schrieb über seine Zukunftsabsichten: »Schon seit allerfrühesten Jahren, seit meiner Jugend, noch unbewußt, glühte in mir ein unauslöschlicher Eifer, mein Leben nutzbringend zu machen für das Wohl des Staates, und sei es auch um des geringsten Nutzens willen . . . Ich bin im Geiste alle Stände und Dienstverträge im Staate durchgegangen und dabei bei einem geblieben: bei der Justiz. Ich habe eingesehen, daß hier am meisten Arbeit zu leisten sei und daß ich nur auf diesem Gebiete für die Menschheit wirklich Nützliches leisten werde. Die Ungerechtigkeit, die mir das Herz zerreißt, ist das größte Unglück auf der Welt. Ich habe es mir geschworen, nicht eine Minute dieses kurzen Lebens zu verlieren, ohne Gutes zu tun . . . Werden sich meine hochfliegenden Absichten erfüllen? Oder werden sie im Dunkel des Unbekannten begraben?«

Sie erfüllten sich nicht, zumindest nicht auf die erträumte Art. Als er in den Staatsdienst eintrat, hat ihn die geisttötende Routine bitter enttäuscht. Und, was ihm das Schlimmste zu sein schien, er sah in den Beamten nur eine riesige Schar von Nichtstuern, die ihre Dienststunden auf die bequemste Art hinzubringen bestrebt waren und sich im Grunde für nichts interessierten. Ihre Schar noch zu vermehren, schien ihm nicht ratsam. Und so wagte er es, sich in der Schriftstellerei zu versuchen. Aber die Kritik war derart vernichtend, daß der Überempfindliche ins Ausland floh. Er kam bis Travemünde. Dort sah er ein, daß diese Flucht sinnlos war, und so kehrte er in sein

Heimatland zurück. Jedoch hat er zunächst nicht gewagt, als Schriftsteller weiterzuarbeiten.

Er hat noch andere Mißerfolge hinnehmen müssen. Zum Beispiel als Universitätslehrer für Geschichte. Dank guter Beziehungen hatte er eine Berufung erhalten. Aber er wußte einfach zu wenig, und so mußte er diesen Versuch nach einem Jahr aufgeben.

Dann kam er auf die Idee, sein eigentliches Talent, das sich schon während der Schulzeit gezeigt hatte, zu nutzen. Von nun an hielt er seinen Mitmenschen einen Spiegel vor; er zeigte alles, was schlecht war, was sie falsch machten, wieviel Ungerechtigkeit in der Welt herrscht, aber er zeigte es auf satirische Weise, karikierend übertreibend, aber immer menschlich.

Damit hatte er von Anfang an Erfolg. Aber er machte sich zugleich auch viele Feinde. Und dies überraschte und enttäuschte ihn: »Alle sind gegen mich«, klagte er; »die älteren und soliden Beamten erheben ein Geschrei darüber, daß mir nichts heilig sei, weil ich es gewagt habe, so kühn über die Beamten zu reden. Die Beamten sind gegen mich; die Kaufleute sind gegen mich; die Literaten sind gegen mich . . . Das kleinste Anzeichen der Wahrheit – und alle stehen gegen dich auf, und nicht nur einzelne, sondern ganze Stände . . .«

Zwar ging er auf dem eingeschlagenen Weg weiter. Aber daß er, wie er meinte, von so vielen Menschen mißverstanden wurde, er, der ja eigentlich helfen und verbessern wollte, das hat ihn tief getroffen, ja krank gemacht. Es untergrub seine ohnehin schwache Gesundheit. Und da er für so viel Mißverständnis die Schuld bei sich selbst vermutete, wollte er Buße tun, um seine Seele zu reinigen. Im »Bewußtsein tiefer Sündhaftigkeit« kam er zu der Überzeugung, seinem sündhaften Leib die materiellen Existenzmittel entziehen zu müssen. Er schränkte die Nahrungsaufnahme mehr und mehr ein, bis er schließlich überhaupt nichts mehr aß und auch nicht mehr schlief, weil er sich nachts durch Gebete wachhielt. Die Ärzte wollten ihn künstlich ernähren, er lehnte ab und dämmerte schließlich – nicht ganz 43 Jahre alt – total erschöpft in den Tod hinüber.

Seine größte Angst war immer gewesen, lebendig begraben zu werden. Als man viele Jahre später seinen Sarg öffnete, sprachen alle Umstände, vor allem die Lage des Skeletts, dafür, daß ihm eben dies geschehen ist.

Wer war's?

36 *»Warum mußte ich eigentlich weg?«*

Erst Jahrzehnte nach seinem Tod kam der Ruhm. Er kam als Renaissance, als Mode, fast als Mythos. Und da hatte er plötzlich auch viele ehemalige Freunde und Bekannte, die sich an ihn erinnerten und über ihn schrieben, über seine Bedeutung, sein Leben, seine Lebensgewohnheiten. Im wesentlichen schrieben alle dasselbe, aber in den Details ergaben sich Nuancen, auch Widersprüche.

Er war »überaus triebhaft«, erinnert sich eine Frau, und »hatte in jedem Ort eine Geliebte«, die allerdings alle »unschön und reizlos« gewesen seien, was die Memoiren-Schreiberin sich so erklärt: »Vielleicht suchte er die Banalität im Weibe.«

Beschrieben wurde er als »großer, dicklicher, jungenhafter Mann mit schönen braunen Augen«. Etwa zur gleichen Zeit fand ein anderer die Augen »schwarz-glänzend«, den Mann »füllig«, sein Gesicht »schwammig-bleich« – »kein eigentlich schöner Mensch«. Als »etwas vorstehend« beschreibt jene Frau seine Augen, die wenige Stunden vor dem Tod des 37jährigen mit ihm in seinem Hotelzimmer war (»Wir rauchten und tranken und rauchten«). Und sie berichtet, wie er aufstand und – sich im Spiegel betrachtend – fragte: »Was finden eigentlich die Frauen an mir? Bin ich denn so dämonisch?«

Er habe an Geister geglaubt, sagen viele, die ihn

kannten und ihn zugleich als leichtsinnig und lebenslustig schildern, als charmant, verspielt, verschlampt, einige sogar als unseriös und unzuverlässig. Gern habe er Geistergeschichten erzählt, die er selbst erlebt haben wollte: »Heute nacht waren sie wieder da – die Geister . . .« Er sei abergläubisch gewesen und »plauderte sein Leben gern über seltsame Unglücksfälle, groteske Krankheiten und Heimsuchungen aller Art«.

Selten und nur ungern ging er ins Theater. Lieber – so heißt es – besuchte er Rummelplätze, Volksgärten, Sportveranstaltungen. Er liebte billige Restaurants und Vorstadtkneipen. Einen Beruf hat er nicht erlernt. Was er schuf, waren – wie ein späterer Kollege es formulierte – »Modelle der Bösartigkeit, der Hilflosigkeit, der Verwirrung in einer bestimmten Gesellschaft«.

Daß Anerkennung für ihn so spät kam, lag nicht an ihm, sondern am politischen Geschehen und daran, daß er auf der Seite der Verfolgten stand. Die Angst vor den Verfolgern bezeichnete er als »nicht so sehr groß«; er soll einmal gesagt haben: »Es gibt ärgere Dinge, nämlich die, vor denen man Angst hat, ohne zu wissen warum. Ich fürchte mich zum Beispiel vor der Straße. Straßen können einem übelwollen, können einen vernichten. Straßen machen mir Angst.« Fest steht, daß er auf einer Straße gestorben ist.

Dieser Tod auf der Straße, durch einen stürzenden Baum, ist oft nacherzählt worden. Fast immer mit Abweichungen. Die meisten behaupten, daß es eine

Kastanie war. Manche schrieben von einer Platane. Einer, der zu seiner Beerdigung kam, sagt, es sei eine Ulme gewesen, und fügt hinzu: »Ulmen sind Bäume, denen ein Hauch von Verhängnis anhaftet.« Wieder andere wissen überhaupt nur von einem Ast, der abgebrochen sei und ihn erschlagen habe. Manchmal ist von einem schrecklichen Gewitter die Rede, von peitschendem Regen, von einem Blitz, der den Baum, unter dem er Schutz gesucht habe, »fällte«, »knickte«, »entwurzelte« oder »zum Henker« machte. Dann wieder heißt es ausdrücklich, es sei weder Gewitter noch Regen gewesen, vielmehr sei aus heiterem Himmel eine plötzliche Bö, in einer anderen Darstellung ein Blitz gekommen. – Sicher ist, daß er am Hinterkopf und im Nacken getroffen wurde und wohl gleich tot war.

Manche erzählen, in seiner Hosentasche fand sich eine Zigarettenschachtel, auf die er sein letztes Gedicht geschrieben hatte. Andere sagen, man habe in seiner Manteltasche ein Päckchen mit Aktphotos gefunden. Jene Frau, die die Nacht zuvor mit ihm »geraucht, getrunken und geraucht« hat, weiß von einem Brief in seiner Tasche, den sie ihm geschrieben hatte: »Eine Blutspur ging mitten durch mein Postskriptum . . .«

Kurz vor seinem Tod hat er gesagt: »Warum mußte ich eigentlich weg von zu Hause? Wofür bin ich denn eingetreten? Ich hab' nie politisiert. Ich trat ein für das Recht der Kreatur.«

Wer war's?

37 *Ein Leben für den Frieden*

Sein Leben lang hat er es schwer gehabt. Zwei Jahre war er alt, als sein Vater starb. Nur unter großen finanziellen Opfern konnte seine Mutter, die eine »Kaffeehalle« unterhielt, ihm den Besuch der Realschule ermöglichen. Aber er hatte Schwierigkeiten in Mathematik. Sein Mathematiklehrer warf ihm vor: »Was soll aus dir noch werden, wenn du nicht einmal den pythagoreischen Lehrsatz begreifen kannst!« Auch der Besuch eines Privatinstituts, wo er die Obersekunda-Reife erwerben wollte, half nicht weiter. Und so wurde der Achtzehnjährige Hilfsschreiber bei einem Gericht, nachdem er eine entsprechende Prüfung mit »genügendem, fast gutem Ergebnis« bestanden hatte. Sein Anfangsgehalt betrug 360 Mark im Jahr.

Doch bald legte die Behörde ihm nahe, die Obersekunda-Reife nochmals zu versuchen. Für die Vorbereitung nahm er vier Monate Urlaub. Aber wieder fiel er bei der Prüfung durch. Offenbar wirkte sich dieser Mißerfolg negativ auf seinen ersten behördlichen »Qualifikationsbericht« aus; denn der Leiter der Schreibstube bezeichnete ihn darin als »wenig befähigt«. Und vom Oberamtsrichter wurde ihm daraufhin formell eröffnet, daß »er sich befleißigen müsse, das Mindestpensum an Schreibarbeit zu liefern, widrigenfalls er mit einer dauernden Beschäftigung bei dem

Amtsgericht nicht rechnen könne«. Da er auf den kärglichen Lohn angewiesen war, hat er sich dem Behördenbetrieb angepaßt: ein Jahr später bescheinigte man ihm »Anstelligkeit«, »Verwendbarkeit«, »Fleiß und Eifer«, »Zuverlässigkeit«.

Seine Ziele, man kann auch sagen: seine Träume, lagen höher. Später erinnerte sich seine Tochter: »Mein Vater wollte ... Schriftsteller werden, Bücher schreiben«; in seiner Jugendzeit habe er den »Wunsch gehabt, eine Weltgeschichte zu schreiben«. Tatsächlich hat er dann bald gewagt, etwas Eigenes zu schreiben und es zu veröffentlichen. Da war er zwanzig. Es waren zwar nicht Bücher, die er schrieb, sondern Artikel. Und es dauerte einige Zeit, bis man auf ihn aufmerksam wurde und merkte, daß er was zu sagen wußte. Immerhin konnte der Neunundzwanzigjährige seinen behördlichen Dienst aufgeben, um nun seine eigentliche Laufbahn zu beginnen. Wobei es ihm darum ging, ist mit einem einzigen Wort zu umreißen, mit dem Wort Frieden. Im Kampf für eine friedliche, demokratische Welt hat er seine Freiheit und schließlich sein Leben geopfert.

Den Machthabern seines Landes galt er als »Landesverräter«, und entsprechend wurde er behandelt oder vielmehr mißhandelt. Ein Mithäftling berichtet: »Wenn die Gefangenen auf den Hof kamen, wurde er im Laufschritt umhergejagt; er mußte sich hinwerfen, aufstehen, wieder hinwerfen, wieder aufstehen. Betrunkene Wächter machten sich ein Vergnügen daraus, hinter ihm herzulaufen und ihm Fußtritte und Schläge zu versetzen. Oft vermochte er sich nicht mehr zu erheben. Erschöpft, stumm lag er am Boden. Man brüllte ihn an: Du polnische Sau, verrecke doch endlich!«

Weil er zu jener Zeit – inzwischen war er Mitte Vierzig – international bekannt war, durfte er einmal von einem Ausländer besucht werden. Der berichtete später: »Ein zitterndes, totenblasses Etwas, ein Wesen, das gefühllos zu sein schien, ein Auge verschwollen, die Zähne anscheinend eingeschlagen, er schleppte ein gebrochenes, schlecht geheiltes Bein. – Ich ging ihm entgegen, reichte ihm die Hand, die er nicht ergriff . . ., sprach ihn an: ›Ich bringe Ihnen Grüße Ihrer Freunde, . . . ich bin hier, um Ihnen, soweit uns das möglich ist, zu helfen.‹ – Nichts. Vor mir, gerade noch lebend, stand ein Mensch, der an der äußersten Grenze des Tragbaren angelangt war . . . Unter Schluchzen sagte er: ›Danke, sagen Sie den Freunden, ich sei am Ende, es ist bald vorüber, bald aus, das ist gut.‹ Und dann noch ganz leise: ›Danke, ich habe einmal Nachrichten erhalten, meine Frau war einmal hier; ich wollte den Frieden . . .‹ Dann ging er mühsam zu seiner Baracke zurück.«

Gut zwei Jahre später ist er in einer Klinik unter Polizeiaufsicht gestorben, nachdem er eine Hohe Auszeichnung nur unter Schwierigkeiten hatte annehmen können.

Wer war's?

38 *Im Internat mit Ruten gezüchtigt*

Sein Vater war sehr wohlhabend. Für ihn jedoch, den Sohn, war in dem geräumigen Haus, das von einer großen Dienerschar in Ordnung gehalten wurde, von Anfang an kein Platz. Das lag vor allem an der Mutter. Über sie sagte er viele Jahre später seiner Verlobten: »Eine Mutter habe ich nie gehabt; sie haßte mich schon, ehe ich geboren war«; sie habe es verschuldet, daß er »die grauenhafteste Kindheit erlitt, die je einem Menschen auf Erden beschieden war«.

Die ersten vier Jahre überließ die Mutter ihn gänzlich einer Amme. Dann wurde er zu einer fremden Familie in Pension gegeben. Nur an den Sonntagen durfte er nach Hause kommen, um dann mit den Eltern zu essen. Als er acht Jahre alt war, gaben die Eltern ihn in ein Internat. Und da ging seine grausame Kindheit, an die er sich sein Leben lang nur mit Wut und Abscheu erinnerte, erst richtig los. Die ganze Atmosphäre war ihm zuwider, die stickige Luft in den Klassenzimmern, die schrecklichen Waschräume, wo die Jungen sich »in Gegenwart des Lehrers der Reihe nach Gesicht und Hände waschen mußten« und »wo Frauen uns kämmten und puderten« und wo es »immer unsauber« war. Am schlimmsten aber trafen ihn die Züchtigungen, mit denen ihm und den anderen das nötige Wissen vermittelt werden sollte: »Unter all unseren physischen Leiden«, schrieb er später, »war das heftigste sicherlich das durch jenen etwa zwei Finger dicken Lederriemen verursachte, der mit aller Kraft, mit allem Zorn des Lehrers auf unsere Hände niedersauste.«

Auch er ist oft geschlagen worden, ja – so schrieb er später – er wurde »mit Rutenstrafen überhäuft«, weil die Lehrer ihn für träge und faul hielten, für einen Träumer. Dies alles endete schließlich mit einem völligen Zusammenbruch des inzwischen Vierzehnjährigen. Aber die Eltern holten ihn nur für kurze Zeit nach Hause, dann gaben sie ihn in ein anderes Internat. Dort erging es ihm keineswegs besser, und er hat seinen Eltern nie verziehen, daß sie sich so wenig um ihn kümmerten und ihn nicht daheim ließen: »Meine Eltern waren völlig befriedigt bei dem Gedanken, daß ich ernährt, bekleidet, mit Latein und Griechisch vollgestopft war. Ich habe während meines Lebens im Internat etwa tausend Kameraden kennengelernt, aber ich kann mich nicht erinnern, auch nur bei *einem* ein derartiges Beispiel der Gleichgültigkeit seiner Eltern angetroffen zu haben.«

Nach der Schule – er besuchte noch ein drittes Internat und erlangte im Alter von 17 Jahren die Universitätsreife – begann er ein Jurastudium, weil sein Vater es so wollte. Nach drei Jahren aber warf er plötzlich alles hin und entschied sich für jenen Weg, auf dem er (durch ein umfangreiches Werk) weltberühmt geworden ist.

Wer war's?

39 *. . . und freue mich täglich*

Viele haben ihn beneidet, weil er so erfolgreich war und ihm alles zum Guten auszuschlagen schien. Erfolge hatte er von Anfang an, schon als Kind. Und von Anfang an war er auch anerkannt. Hinzu kam, daß sein Vater sehr wohlhabend war; finanzielle Probleme hat es deswegen für ihn nie gegeben. Ebensowenig gab es Probleme bei seiner Ausbildung. Der Vater erkannte seine Begabung an und ließ ihn den entsprechenden Weg gehen.

Der Einundzwanzigjährige machte eine zweijährige Bildungsreise, die ihn über Weimar, München und Wien nach Venedig, Rom, Neapel und auf dem Rückweg durch die Schweiz führte. Überall fand er schnell Kontakt, auch bei dem alten Goethe. »Da ich Goethe gebeten hatte, mich du zu nennen, ließ er mir den folgenden Tag durch Ottilie sagen, dann müsse ich aber länger bleiben als zwei Tage, wie ich gewollt hatte, sonst könne er sich nicht wieder daran gewöhnen. Wie er mir das selbst sagte und meinte, ich würde wohl nichts versäumen, wenn ich etwas länger blieb, und mich einlud, jeden Tag zum Essen zu kommen, wenn ich nicht anderswo sein wollte . . ., – da wär' ich wohl recht toll gewesen, wenn mich die Zeit gereut hätte.«

So schrieb er nach seinem Besuch bei Goethe, der ihm zum Abschied einen Bogen des »Faust«-Manuskripts geschenkt hatte, an die Familie. Und aus Neapel berichtete er: »Das Klima ist eingerichtet für einen großen Herrn, der spät aufsteht, nie zu Fuß zu gehen braucht, nichts denkt, weil das erhitzt, nachmittags seine paar Stunden auf dem Sofa schläft, dann sein Eis ißt und nachts ins Theater fährt, wo er wieder nichts zu denken findet, sondern Besuche machen oder empfangen kann. Auf der anderen Seite ist das Klima ebenso passend für einen Kerl im Hemde mit nackten Beinen und Armen, der sich ebenfalls nicht zu bewegen braucht, ... nachmittags sein Schläfchen macht auf der Erde am Hafen oder auf dem Steinpflaster ... – kurz, der in jedem Augenblick das tut, was ihm gerade gemütlich ist, wie ein Tier. Das sind denn nun auch die beiden Hauptklassen in Neapel ... Daher gibt es so wenig Industrie und Konkurrenz. Daher macht Donizetti eine Oper in zehn Tagen fertig. Sie wird ausgezischt, aber das tut ihm gar nichts; denn er bekommt dafür bezahlt und kann wieder spazieren gehen.«

Er selbst ging keineswegs nur spazieren, auch nicht während seiner Bildungsreise. Er hat überall gearbeitet, sehr schnell, sehr konzentriert. Schon damals war er berühmt und auf jeden Fall überall gern gesehen, weil er sich immer gut anpassen konnte. »Wenn ich in Italien faul, in der Schweiz burschikos, in München ein Bier- und Käsevertilger war, so muß ich zu Paris politisieren.« Nur in Berlin hatte er Schwierigkeiten. Und zwar immer wieder. Obgleich er dort eines der höchsten Ämter seiner Laufbahn übernahm, allerdings erst einige Jahre später.

Im Alter von 28 Jahren heiratete er eine eben Zwanzigjährige. Sie nahmen eine geräumige Wohnung, und einem Freund berichtete er über seine junge Frau: »Was das nun aber für ein Pläsier ist, sie mit dem Mädchen über die Küche verhandeln zu hören oder dem Tapezierer und Maurer Aufträge geben oder Töpfe und Teller einkaufen – und wie einzig wohl mir es ist, abends zu Hause zu sein, ruhig, glücklich und gar nicht allein, das müßtest Du eben alles sehen, ... sagen läßt es sich nicht, aber es ist gar zuviel Glück für mich, ich weiß nicht, wie ich dankbar genug dafür sein soll.«

Inzwischen war er sehr wohlhabend, nicht nur, weil er gut verdiente, sondern weil er von seinem Vater ein Vermögen geerbt hatte. Bald kamen Kinder, und als Ausgleich zu seinem unruhigen Leben in der Öffentlichkeit genoß er das häusliche Idyll: »Hier lebe ich wieder so ruhig und einsam fort, wie ich es mir nur wünschen kann. Frau und Kinder sind gottlob wohl, zu arbeiten habe ich vollauf – was kann der Mensch da noch Besseres wollen? Nichts als Fortdauer erbitte und wünsche ich mir vom Himmel und freue mich täglich von neuem des stillen einförmigen Lebens«, schrieb der Einunddreißigjährige.

Kaum sieben Jahre später – inzwischen hatte er mit seiner Frau fünf Kinder – starb er völlig überraschend an einem Gehirnschlag, nachdem er in der letzten Zeit ein wenig reizbar und wohl überarbeitet gewesen war. Kurz zuvor waren ihm Zweifel am Wert seines ganzen Werkes gekommen, und er hatte wieder einmal über jenen Spruch des »Predigers« meditiert, der ihm im Alten Testament der liebste war: »Es ist alles ganz eitel; es ist alles ganz eitel. Was hat der Mensch für Gewinn von all seiner Mühe, die er hat unter der Sonne? Ein Geschlecht vergehet, das andere kommt; die Erde bleibet aber ewiglich.«

Wer war's?

Es war . . .

1 Der Schriftsteller Thomas Mann (1875 bis 1955)

2 Johanna von Orleans (um 1411 bis 1431)

3 Der Komponist Joseph Haydn (1732 bis 1809)

4 Der Dichter Leo Tolstoi (1828 bis 1910)

5 Herzog Albrecht von Wallenstein (1583 bis 1634)

6 Der Musiker Franz Liszt (1811 bis 1886)

7 George Washington, US-Präsident (1732 bis 1799)

8 Johannes Gutenberg (um 1400 bis 1468)

9 Charlotte Corday (1768 bis 1793), die Paul Marat erstach, den Präsidenten des Jakobinerclubs

10 Joseph II. (1741 bis 1790), Sohn Maria Theresias

11 Der Schriftsteller Mark Twain (1835 bis 1910)

12 Der Erzähler Italo Svevo (1861 bis 1928)

13 Der Physiker Max Planck (1858 bis 1947)

14 Der Komponist Anton Bruckner (1824 bis 1896)

15 Peter III. (1728 bis 1762), Gemahl Katharinas II.

16 Karoline Schelling, geb. Michaelis (1763 bis 1809)

17 Heinrich Schliemann, der Ausgräber von Troja und Mykenä (1822 bis 1890)

18 Der Philosoph Voltaire (1694 bis 1778). Die Uhrensendung ging an Katharina von Rußland.

19 Mette Gauguin, Frau Gauguins (1848 bis 1903)

20 Friedrich Schiller (1759 bis 1805)

21 Christian Morgenstern (1871 bis 1914)

22 Der Erzähler Iwan S. Turgenjew (1818 bis 1883)

23 Der römische Gladiator Spartakus (bis 71 v. Chr.)

24 Napoleons jüngster Bruder, Jérôme Bonaparte (1784 bis 1860), König von Westfalen (1807 bis 1813)

25 Gottfried Wilhelm Leibniz (1646 bis 1716)

26 Mao Tse-tung, der 1949 die Volksrepublik China proklamierte und ihr Präsident wurde (geb. 1893)

27 Der Politiker Benjamin Franklin (1706 bis 1790)

28 Der Dichter Gerhart Hauptmann (1862 bis 1946)

29 Die Marquise de Maintenon (1635 bis 1719)

30 Der Komponist Gustav Mahler (1860 bis 1911)

31 Kaiserin Friedrich (1840 bis 1901), eigentlich Viktoria, Tochter Viktorias von England, Gemahlin Kaiser Friedrichs III. und Mutter Wilhelms II.

32 Der Physiker Pierre Curie (1859 bis 1906)

33 Hugo v. Hofmannsthal (1874 bis 1929)

34 Der Erzähler Fritz Reuter (1810 bis 1874)

35 Der Satiriker Nikolai Gogol (1809 bis 1852)

36 Der Dichter Ödön von Horváth (1901 bis 1938)

37 Carl von Ossietzky (1889 bis 1938)

38 Der Erzähler Honoré Balzac (1799 bis 1850)

39 Felix Mendelssohn-Bartholdy (1809 bis 1847)